LOS ALTOS
DE JALISCO

PADRONES PARROQUIALES
DEL SIGLO XVII

VOLUMEN 2

SERGIO GUTIÉRREZ

Primera Edición 2015

Fotografías Históricas: Víctor Jiménez Barba, Archivo Memoria Fotográfica de Jalostotitlán (familia Gutiérrez Reynoso y José González Hermosillo)

Portada: Parroquia de Tepatitlán con sus torres antiguas.

Diseño de portada y diagramación:
Sergio Gutiérrez

Para mi querido abuelo,

Juan Gutiérrez Enríquez.

ÍNDICE

Parroquia de Mexticacán

INTRODUCCIÓN

Esta obra es la segunda de la serie de libros dedicados a los padrones de las parroquias de Los Altos de Jalisco y Sur de Zacatecas. El primer volumen fue dedicado a los padrones de las parroquias de Nochistlán, Teocaltiche, Lagos de Moreno y Jalostotitlán que fueron levantados en 1649, 1681, 1669 y 1650, respectivamente. Ahora me ocupo a los padrones que fueron levantados en las parroquias de Nochistlán, Lagos de Moreno, Jalostotitlán y Tepatitlán, en los años de 1664[1], 1676[2], 1679[3] y 1689[4], respectivamente. Como en primer volumen, este libro incluye también las transcripciones paleográficas de los padrones.

La jurisdicción de dichas feligresías abarca gran parte de la extensión territorial de los Altos de Jalisco y Sur de Zacatecas. Durante el período virreinal, estos beneficios curados pertenecían al obispado de Guadalajara del Reino de la Nueva Galicia.

Nuestro objetivo principal es proveer de datos primarios a aquellas personas que no han tenido la oportunidad de consultar la documentación resguardada en el Archivo Histórico de la Arquidiócesis de Guadalajara. Los padrones son fuentes primarias de gran utilidad. En general, esta obra está dirigida a sociólogos, antropólogos, historiadores y genealogistas. En este sentido, es una herramienta fundamental para analizar los antecedentes familiares, la conformación social y racial de la región.

1. AHAG, Sección Gobierno, Caja 48, Expediente 3, *Padrón de Nochistlán de 1664*.
2. AHAG, Sección Gobierno, Caja 38, Expediente 2, *Padrón de Lagos de Moreno de 1676*.
3. AHAG, Sección Gobierno, Caja 33, Expediente 14, *Padrón de Jalostotitlán de 1679*.
4. AHAG, Sección Gobierno, Caja 62, Expediente 13, *Padrón de Tepatitlán de 1689*.

El padrón y sus alcances

¿Qué es un padrón?, ¿por qué los levantaban los curas? El padrón o censo parroquial tiene un carácter estadístico, siendo su objetivo principal proporcionar información al cura, obispo y rey de España sobre el número y distribución de la población en los pueblos, estancias, haciendas, labores y ranchos. En este sentido, el padrón ofrece una fotografía fija de la sociedad dentro de límites geográficos bastante precisos.

Los padrones parroquiales se conocen gracias a los archivos de la Iglesia católica. En nuestro caso, por haber sido resguardados por la Sagrada Mitra de Guadalajara, en atención a que la propia Iglesia tuvo una intervención directa en la vida cotidiana de nuestros antepasados. Gracias a ella existen estos registros. Los párrocos levantaban padrones con cierta periodicidad, cuyo objetivo era conocer la cantidad de personas que comprendía la feligresía, quiénes cumplían o no con el precepto anual de la Iglesia, así como la extensión geográfica y límites precisos del beneficio.

Los padrones eran solicitados por el propio obispo de Guadalajara, en algunos de los casos para cumplir las órdenes del rey que requería se le informara puntualmente sobre el estado que guardaban cada feligresía de la diócesis. El padrón de Teocaltiche de 1681, paleografiado en el primer volumen, es un buen ejemplo de este tipo de solicitud:

> El Rey. =Reverendo y en Cristo Padre, obispo de la iglesia catedral de la ciudad de Guadalajara en la provincia de la Nueva Galicia de mi Consejo porque con bien a mi servicio y al buen gobierno de esas provincias de mi Consejo de las Indias, a y a consejo individual a las ciudades, villas y poblaciones que hubiere en el distrito de cada obispado y la vecindad que tuviere cada una, así de españoles como de indios. Os ruego y encargo enviáis relación de ello con toda distinción y claridad en la primera ocasión se ofrezca; de buen recibo a veinte y uno de abril de mil y seiscientos y setenta y nueve años. =Yo el Rey. =Por mandado del Rey nuestro señor.[5]

Del mismo modo, las autoridades eclesiásticas y civiles requerían información lo más precisa posible para saber la cantidad de

5. AHAG, Sección Gobierno, Caja 62, Expediente 8, *Padrón de Teocaltiche de 1681.*

Localización de la región conocida como Los Altos de Jalisco

personas que residían en las jurisdicciones parroquiales. Para la jerarquía eclesiástica, estos datos servían para determinar si la parroquia contenía un elevado número de feligreses, circunstancia que impediría que el cura beneficiado y sus ministros atendieran convenientemente las necesidades espirituales de los feligreses. Si así fuera, los límites de las jurisdicciones parroquiales estaban propensos a ser reajustados, creándose nuevas parroquias. Esto efectivamente sucedería con varias parroquias años más tarde.

Como he dicho anteriormente, estos documentos son fundamentales para los estudios que emprenden los historiadores, sociólogos, genealogistas y otros profesionistas de las ciencias sociales, supuesto que proporcionan información precisa sobre cuáles personas, individuos de carne y hueso, moraban en el momento que se levantaban los padrones.

Los censos son ricos en datos hasta cierto grado, dependiendo del padrón en cuestión. Todos ellos tienen parte o todos los siguientes atributos adscritos:

1. Se incluyen las edades de las personas, excepto de aquellas que están casadas.
2. Se incluyen los niños que no tenían edad para confesar ni comulgar.
3. Se identifica los hijos de las parejas o si son hijos naturales.
4. Estatus civil: si son casados, solteros o viudos.
5. Condición racial: español, indio, mestizo y negro.
6. Si el negro o mulato era libre o esclavo.
7. La distancia que mediaba entre los núcleos poblacionales (estancias, labores, ranchos, puestos o pueblos) y la cabecera parroquial.
8. Nombre de la estancia, hacienda, labor o rancho

Al parecer el único padrón que contiene la mayor parte de estos atributos es el de Jalostotitlán de 1650. Continuando con el análisis de los padrones, el lector podrá cerciorarse que están divididos en secciones. Una contiene los habitantes de los pueblos de indios, mientras que otra incluye a los españoles, mestizos, esclavos e indios laboríos que residían en las estancias, labores y ranchos.[6] Dependiendo del padrón, se incluye a los españoles residentes en los pueblos de indios, así como a sus esclavos e indios sirvientes.

Después de consultar los padrones, el lector se dará cuenta que, contrario a la afirmación general, los habitantes de los Altos no descienden única y exclusivamente de españoles, sino de indígenas y negros, así como de las castas formadas por la interacción sexual interracial,

6. Indio laborío: Expresión utilizada entre los siglos XVI y XVIII que tenía una connotación jurídica del individuo generalmente ligado a la explotación de la tierra en estancias y haciendas. Por desgracia esta acepción no se incluye en las últimas ediciones del Diccionario de la Academia de la Lengua Española. En diccionarios Online se define como un estrato o casta inferior ubicada en la base de la pirámide social, y hasta como esclavos. Esta última expresión es incorrecta, pues la Corona española prohibió la esclavitud de los indios desde épocas muy tempranas. Véanse las llamadas Leyes Nuevas de 1542 y 1543.

esto es, mestizos, mulatos, coyotes y moriscos[7], y que no había en el siglo XVII muchos españoles avecindados en los pueblos de indios. Habrá que recordar que por Real Cédula se prohibió a los españoles residir en dichos pueblos, para evitar que tanto sus esclavos como ellos mismos los perjudicaran. Esta prohibición aparece en las Leyes de Indias. Excepcionalmente, para residir en los pueblos de indios, se debía solicitar al virrey y a la Audiencia el permiso concerniente a nombre del rey.[8] Así los españoles, residentes relativamente alejados de los pueblos, en sus estancias, labores y ranchos, tenían muy poca relación con los naturales de la tierra.

Con el tiempo la legislación se hizo más laxa al permitir la "españolización" de los pueblos de indios. Sin embargo, este proceso no fue uniforme y general, sino que preponderantemente se efectuó en aquellos pueblos que estaban arrimados a los caminos principales, eran centro de extensiones de amplia producción agrícola o ganadera, o incrementaba potencialmente la veneración a una imagen religiosa predilecta. Tales fueron los casos de San Juan de los Lagos y Jalostotitlán.

Finalmente, Los padrones también son importantes porque indican la cantidad de personas establecidas en los pueblos y áreas rurales, detalle importante para darse una idea precisa de la extensión y población que tenían las cuatro parroquias.

Nochistlán en 1664

Los españoles Cristóbal de Oñate y Miguel de Ibarra conquistaron las tierras de la comarca de Nochistlán y Teocaltiche. Por Real Cédula de 25 de enero de 1531 se fincó el nombre de Reino de la Nueva Galicia. Para este tiempo, el nuevo reino dependía en lo eclesiástico de la diócesis de Michoacán. Años más tarde, los vecinos del nuevo reino, para mejorar la administración de las doctrinas, suplicaron al rey de España la creación de un nuevo obispado. En 1544, su Majestad Carlos V solicitó al papa Paulo III la erección de un nuevo obispado para la Nueva Galicia. No fue sino hasta el 13 de julio de 1548, cuando Paulo

---

7. Castas coloniales: mestizo proviene de la mezcla entre la raza europea e india; mulato entre europea y negra; coyote entre indio y mestizo; morisco entre europea y mulata.
8. José Antonio Gutiérrez Gutiérrez. *Jalostotitlán a través de los siglos*, Vol. II. Guadalajara, Universidad Autónoma de Aguascalientes-Universidad de Guadalajara, 2005, p. 154.

Límites de las feligresías en los Altos de Jalisco

III expidió la bula de erección del obispado, con asiento en la ciudad de Guadalajara. En menos de dos años de la fundación de la diócesis, el 7 de marzo de 1550, el obispo Miguel Gómez Maraver erigió cuatro parroquias: Jalpa, Tlaltenango, Teocaltiche y Nochistlán.

Más de un siglo después de la erección de la parroquia, el padrón de Nochistlán y sus sujetos, estancias, poblaciones y ranchos nace en 1664. En dicho año, la feligresía incluía a Nochistlán, con sus tres barrios de San Francisco, San Sebastián, y Santiago, y los pueblos de Tenayuca, Apulco, Toyahua, Mexticacán y Acatzico (Acasico).

Para una mejor contextualización del documento, anexo la *Relación o descripción del curato de Nochistlán y otros pueblos, con su padrón*, levantada el 17 de noviembre de 1651 por el párroco Antonio de Llamas. Infructíferamente busqué dicha relación en el archivo de la Sagrada Mitra. Por fortuna fue paleografiada y publicada por un autor anónimo en el libro intitulado *Tres viejos relatos*, en 1975. En ella se encuentran los orígenes de varios genearcas alteños como Carlos de Lomelín, Antoño de Luna y Diego de Benavides.

Santa María de los Lagos en 1676

Después de la conquista y con el incremento de migrantes peninsulares hacia la región, surgió la necesidad de erigir una alcaldía mayor con sede en Teocaltiche. Hasta la fundación de Santa María de los Lagos, en 1563, gran parte de los Altos perteneció en lo civil a la jurisdicción de Teocaltiche.[9] Según la relación de Hernando Gallegos comprendía:

> Este pueblo de Tequaltiche y Mechaucanejo, Guexotitlán, Ostotlán, Tlasintla por otro nombre Sant Garpar, Mustyque [Mitíc], San Juan Mexcatique, Teucaltitlán, San Miguel, Xalostotitlán, Temacapulí, Teypatitlán, Acatique, Zapotlán, Santa Fe Zayatitlán, Axcatlán [...] dichos pueblos de indios de ésta jurisdicción [...] es cabecera y donde reside el alcalde mayor.[10]

Hago mención de este dato para que el lector se dé una idea de la cantidad de pueblos que existían en los Altos después de la fundación de la alcaldía mayor de Teocaltiche. Hernando Gallegos fue hijo de Hernando Martel, alcalde mayor de Teocaltiche que con varios vecinos de dicho pueblo fundó la villa de Santa María de los Lagos (hoy Lagos de Moreno).

La parroquia de la villa de Santa María de los Lagos, debió erigirse poco después de la fundación de dicha villa en el valle de Pechititán.[11] El 15 de enero de 1563, la Real Audiencia de la Nueva Galicia expidió

---

9. José Antonio Gutiérrez Gutiérrez. *Los Altos de Jalisco*. México, Consejo Nacional para la Cultura y las Artes, 1991, p. 159.

10. Hernando Gallegos. "Información descriptiva de Teocaltiche", en *Bosquejo histórico de Teocaltiche* de Ignacio Dávila Garibi. México, Librería Editorial San Ignacio de Loyola, 1945, p. 383.

11. Mario Gómez Mata. *Bautismos, matrimonios y defunciones, en el primer siglo de Santa María de los Lagos*. Guadalajara, Acento Editores, 2010, p. 27.

una cédula ordenando la fundación. El 31 de marzo del propio año, se dio cumplimiento al ordenamiento, ejecutándolo Hernando Martel, alcalde mayor de Teocaltiche, con familias de españoles procedentes de la propia población. Dice el doctor José Antonio Gutíerrez Gutiérrez que:

> La fundación de Lagos tuvo un objetivo bien definido: neutralizar las incursiones de los chichimecas y proteger a los viandantes y comerciantes que viajaban hacia los reales de minas del norte, o a quienes desde allí se dirigían hacia la capital neogallega, hacia Michoacán o hacia México.[12]

La jurisdicción de la parroquia de Lagos comprendía la villa del propio nombre, así como parte de los actuales municipios de Ojuelos de Jalisco, Encarnación de Díaz, Unión de San Antonio, San Julián y San Diego de Alejandría.[13] Desafortunadamente, el padrón de Lagos de 1676 no contiene certificación ni menciona el cura que lo levantó, pero según el documento, el partido contaba con dos sacerdotes, los bachilleres Bernabé de Isasi y Alonso de Vidaurre; alguno de ellos debió hacerlo. En 1676, la feligresía de Lagos contaba con muchas casas en la villa habitadas por indios, negros, mulatos, mestizos y españoles. Afuera de la villa, según el padrón, el partido tenía doce haciendas, una estancia, once labores y treinta tres ranchos, las comunidades de San Juan de la Laguna y Buenavista.

Jalostotitlán en 1679

La parroquia de Jalostotitlán fue conocida en sus inicios como beneficio de los Tecuexes, teniendo su primera sede en el pueblo de Mitíc. La creación de dicho partido eclesiástico ocurrió en la segunda mitad del siglo XVI, en 1572. En su momento, y a petición de los naturales, el obispo don Francisco Gómez de Mendiola erigió la parroquia porque los indios tecuexes carecían de instrucción cristiana:

> El beneficio de Teoqualtich es en los llanos que dicen de este obispado, es de pueblos indios, que su cabecera es Teoqualtich[...] Es tierra más fría que cálida, cáele Zacatecas a veinte leguas, tiene otra vicaría a cinco leguas que

12. Gutiérrez Gutiérrez, *Los Altos de Jalisco*, p. 168.
13. Gómez Mata, *op. cit.*, p. 16.

> es la de los Tequexes, que sucede a ésta que ahora se ha fecho[...] y entra en lo de Teoqualtich, donde ha estado siempre incluso, hasta dos meses que se hizo vicaría y beneficio diviso por partido a pedimento de los naturales que dijeron padecer necesidad de doctrina y se le quitaron siete pueblos que eran del vicario de Teoqualtich y puse en ellos nuevo vicario. El beneficio de los Tecuexes es tierra de su mismo temple y calidad, aunque los naturales son de diferentes lenguajes[...] Tendrá 400 indios este beneficio en los siete pueblos que tiene y entre ellos hay 8 vecinos españoles que viven con ellos. [...] Los diezmos y renta proceden de las labores de los españoles, que es tierra aparejada para ello en lo tocante al maíz y ganado.[14]

La nueva parroquia incluía siete pueblos de indios: Xalostotitlán, Mitíc, San Gaspar de los Reyes, Mezquitíc, San Juan Mezquitíc, Teocaltitán y San Miguel el Alto. El territorio comprendía lo que hoy son los municipios de Jalostotitlán, San Miguel el Alto y San Juan de los Lagos, y una parte de los actuales municipios de Cañadas, Valle de Guadalupe y Tepatitlán.

Deseo recalcar la importancia de los padrones de Jalostotitlán del siglo XVII porque son las fuentes primarias más valiosas con que cuentan los genealogistas interesados en dicho partido, ya que en 1692 ocurrió un incendio en la notaría parroquial destruyéndose los libros donde se asentaban bautismos, matrimonios y defunciones, dejando un gran vacío de información. Aunque existe otra documentación paralela generada antes de 1692 que los genealogistas pueden aprovechar, como son las dispensas matrimoniales, las anotaciones del cuaderno de la cofradía de las Ánimas del Purgatorio de Jalostotitlán (fundada en 1627) y los manuscritos generados por el gobierno civil, éstos carecen de la información precisa y detallada contenida en los padrones, instrumentos eficientes y útiles para la creación de árboles genealógicos.

El padrón de 1679 fue levantado por el beneficiado Juan Gómez de Santiago, quien estuvo al frente de la parroquia desde 1663 hasta su muerte el 10 de junio de 1684.[15]

Según el padrón de 1679, la jurisdicción eclesiástica abarcaba los siete pueblos antedichos, y sesenta y tres estancias sesenta y un ranchos.

---

14. Gutiérrez Gutiérrez, *Jalostotitlán a través de los siglos*, pp. 120-121; Archivo de Instrumentos Públicos del Estado de Jalisco (en adelante (AIPEJ), Libro IV, fs. 125r-126v.
15. Archivo de la Parroquia de Jalostotitlán (APJ), Libro 1 de Entierros.

Tepatitlán en 1689

De las cuatro parroquias tratadas en esta obra la de Tepatitlán es la más joven, ya que las otras fueron fundadas en pleno siglo XVI. Durante gran parte del siglo XVII, Tepatitlán perteneció a la jurisdicción eclesiástica de Xonacatlán.[16] Desgraciadamente no fue posible localizar algún padrón del partido de Xonacatlán en el Archivo Histórico de la Arquidiócesis de Guadalajara para incluirlo en esta obra.

En 1683, el obispo de Guadalajara erigió dos nuevas parroquias desmembrándolas del partido de Xonacatlán: Tepatitlán y Zapotlanejo. Sin embargo, al norte de la zona, los partidos de Jalostotitlán, Teocaltiche y Santa María de los Lagos continuaron intactos. Con esta erección, la nueva parroquia de Tepatitlán se encargaría de atender y representar a los pueblos, haciendas, estancias, labores y ranchos entre Acatíc y la guardarraya con Jalostotitlán, por el oriente hasta el Cerro Gordo y por el oriente hasta las márgenes del río Verde, incluyéndose la hacienda de Mezcala y el pueblo de Temacapulín.

El primer padrón levantado en Tepatitlán, data de 1689, siendo realizado por el cura beneficiado propietario José de Orozco Agüero, quien respondió al mandato del obispo Juan de Santiago de León Garabito. A unos meses de recibir la orden, el bachiller certificó la información recopilada en los siguientes términos:

> Que así lo certifico en la manera que puedo y debo, como cura beneficiado propio de dicho beneficio y porque conste lo firmé de mi nombre en el pueblo de Tepatitlán en nueve de marzo de mil seiscientos y ochenta y nueve años. 134 Testado –no vale. [RÚBRICA] José de Orozco Agüero. Va en seis hojas.[17]

Según el padrón de 1689, la jurisdicción eclesiástica comprendía los pueblos de Tepatitlán, Acatíc y Temacapulín, así como cuatro estancias, dos haciendas, doce labores y seis ranchos.

16. Hasta 1683, el partido de Xonacatlán estaba compuesto por el pueblo del mismo nombre (hoy Juanacatlán) y los de Zapotlán (hoy Zapotlanejo), Santa Fe, Tequaltitlán, Acatíc, Tepatitlán y Temacapulín; así como de las estancias, haciendas o labores de San Sebastián (en las cercanías de Acatíc, cuyo propietario era Gerónimo Camacho), Cerro Gordo, Colimilla, Matatlán, Mezcala (de Juan González de Hermosillo III), El Salto Grande (de Francisco Gutiérrez de Hermosillo) y San Nicolás (de Ana González Florida II, cerca del actual Valle de Guadalupe).

17. AHAG, Sección Gobierno, Caja 62, Expediente 13, *Padrón de Tepatitlán de 1689*.

Deseo sinceramente que el lector de *Los Altos de Jalisco: Padrones parroquiales del siglo XVII Volumen 2* encuentre la información suficiente para eliminar genealogías truncadas y continuar su investigación familiar. Del mismo modo, espero que el cúmulo de información aquí contenida coadyuve a los historiadores, sociólogos y demás profesionistas de las ciencias sociales a construir una visión más completa y precisa de los primeros pobladores de la meseta alteña.

Panorama de Jalostotitlán visto desde su rio, circa 1930.
Fotografía: José González Hermosillo

Padron de las perssonas de Confession y Comunion de este partido de Nochistlan de este año de 1664

Barrio de S. Fran.co de Pu.o de Nochistlan Cabezera

Ju.o Bap.ta	+	y Maria Cecilia	+
Hypolito de Ledezma	+	y Maria Clara	+
Alonso Gaspar	+	y Ana de S. Tiago	+
Fran.co Miguel	+	y Maria Magdalena	+
Ju.o Fran.co	+	y Maria Mag.na	+
Juan Bap.ta	+	y Maria Mag.na	+
Pedro Hernandez	+	y Maria Mag.na	+
Fran.co Bernabe	+	y Ana Mag.na	+
Ju.o Miguel	+	y Maria Ynes	+
Fran.co Martin	+	y Ana Cathalina	+
Ju.o Hernandez	+	y Maria Luisa	+
P.o Sebastian	+	y Mag.na Justina	+
P.o Hernandez	+	y Maria Mag.na	+
Ju.o Bap.ta	+	y Maria Mag.na	+
Fran.co Agustin	+	y Maria Geronima	+
Miguel Rodriguez	+	y Catalina Guevara [?]	+
Toribio Garcia	+	y Maria Mag.na	+
Ju.o Toribio	+	y Maria Petrona	+
Matheo Luys	+	y Mag.na Maria	+
Nicolas Agustin	+	y Maria Mag.na	+
Ju.o Ximenez	+	y Catalina Justina	+
P.o de la Cruz	+	y Maria Pasquala	+
Xpoval Hernandez	+	y Maria Mag.na	+
P.o Miguel	+	y Maria Xaloma [?]	+
P.o Pacheco [?]	+	y Maria Geronima	+
Ju.o Bap.ta	+	y Catalina Ju.a	+

NOCHISTLÁN EN 1664

PADRÓN DE LAS PERSONAS DE CONFESIÓN Y COMUNIÓN DE ESTE PARTIDO DE NOCHISTLÁN DE ESTE AÑO DE 1664.

Barrio de San Francisco del pueblo de Nochistlán Cabecera

- Juan Bautista y María
- Hipólito de Ledesma y María Clara
- Alonso Gaspar y Ana de Santiago
- Francisco Miguel y María Magdalena
- Juan Francisco y María Magdalena
- Juan Bautista y María Magdalena
- Pedro Hernández y María Magdalena
- Francisco Bernabé y Ana Magdalena
- Juan Miguel y María Inés
- Francisco Martín y Ana Catalina
- Diego Hernández y María Luisa
- Pedro Sebastián y Magdalena Justina
- Diego Hernández y María Magdalena
- Juan Bautista y María Magdalena
- Francisco Agustín y María Gerónima
- Miguel Rodríguez y Catalina Lucrecia
- Toribio García y María Magdalena
- Juan Toribio y María Petrona
- Mateo Lucas y María Magdalena
- Nicolás Agustín y María Magdalena
- Juan Jiménez y Catalina Justina
- Pedro de la Cruz y María Pascuala
- Cristóbal Hernández y María Magdalena
- Pedro Miguel y María Jaloma
- Diego Jacobo y María Gerónima
- Juan Bautista y Catalina Juana
- Diego Lázaro y María Catalina
- Diego Jiménez y María Magdalena

- Pedro Gerónimo y María Magdalena
- Francisco Agustín y Isabel de la Cruz
- Juan Andrés y María Isabel
- Juan Bautista y Catalina Isabel
- Alonso Lucas y María Magdalena
- Alonso Gaspar y María Micaela
- Francisco Bernabé y Catalina Gerónima
- Juan Bautista y Melchora Isabel
- Mateo Lucas y María Magdalena
- Hipólito de Ledesma y María Clara

Solteros y Solteras

- María Magdalena
- Juana Francisca
- Anabel Clara
- Pedro Luis
- María Magdalena
- María Ana
- María Magdalena
- Luisa Isabel
- Catalina Polinia
- Juan Miguel
- María Magdalena
- María Catalina
- Domingo Martín
- María Magdalena
- Pedro Juan
- Juan Blas
- María Magdalena
- Francisco Agustín
- María Magdalena
- Catalina María
- María Magdalena
- María Magdalena
- María de la Cruz
- María Petrona
- Gaspar de los Reyes
- Martín

Barrio de San Sebastián

- Alonso Gaspar y María Magdalena
- Pedro Pascual y Jaloma Inés
- Miguel García y María Justina
- Francisco González y María Magdalena
- Alonso Baltazar y Catalina Jaloma
- Martín Damián y Juana Francisca
- Pedro Jacobo y María Magdalena
- Juan Asencio y María Magdalena
- Alonso Mateo y María Catalina
- Juan Miguel y María Gómez
- Domingo Hernández y Lorenza Rodríguez
- Juan Gaspar e Isabel Justina
- Juan Jiménez y María Luisa
- Francisco Hernández y Catalina María
- Juan Isidro y Catalina Luisa
- Andrés Sebastián y María Magdalena
- Francisco Hernández y María Lucrecia
- Juan Bernabé y Luisa María
- Juan Sebastián y María Ana
- Cristóbal Martín y María Justina
- Andrés Sebastián y

María Catalina
- Agustín de la Cruz y María Catalina
- Esteban Pascual y María Magdalena
- Francisco Miguel y Isabel de la Cruz
- Juan Miguel y María Juana
- Francisco Jiménez y María Magdalena
- Martín Cortez y María Francisca
- Francisco Martín y María Ana
- Juan Martín y María Gerónima
- Juan de Sandoval y María Magdalena
- Juan Pascal y Luisa Melchora
- Pedro Martín y Catalina Juana
- Pedro Simón y Magdalena Elvira
- Juan Miguel y Francisca Agustina
- Pedro Gaspar y Ana Isabel
- Francisco Lucas y Magdalena Pascuala
- Gaspar de la Cruz y Juana Marta
- Diego Hernández y María Magdalena
- Juan Gaspar y María Ana
- Francisco Martín y Juana Sebastiana
- Pedro Jacobo y María Luisa
- Diego Gaspar y María Magdalena
- Pedro Miguel y María Magdalena
- Diego Gaspar y María Magdalena
- Pedro Miguel y María Magdalena
- Nicolás Méndez y María Magdalena
- Francisco Diego y Magdalena Catalina
- Juan Miguel y María Juana
- Domingo Martín y Magdalena Inés
- Francisco Agustín y María Magdalena
- Francisco Hernández y Juana Agustina
- Andrés Santiago y Catalina Polonia
- Esteban Pascual y Magdalena

Solteros
- Francisco Agustín
- María Magdalena
- Magdalena Inés
- Catalina Luisa
- María Magdalena
- Ana Gerónima
- María Ágata
- María Magdalena
- Magdalena Luisa
- María Beatriz
- Catalina Polonia
- María Magdalena
- Magdalena Pascuala
- María Elvira

Barrio de Santiago de Nochistlán

- Pedro Bernardino y Catalina Lucrecia
- Nicolás Sánchez y Cecilia Rodríguez
- Francisco Agustín y María Catalina
- Francisco Luis y María Magdalena

- Juan Miguel y María Magdalena
- Alonso Baltazar y Ana María
- Pedro Gaspar y Magdalena Marta
- Pedro Simón y Ana María
- Juan Francisco y María Isabel
- Juan Sebastián y María Luisa
- Ignacio Baltazar y María Catalina
- Pedro Lorenzo y Ana María
- Martín Alonso y Magdalena Inés
- Juan Miguel y María Magdalena
- Juan Mateo y Isabel María
- Pedro José y Catalina Clara
- Juan Mateo y María Magdalena
- Juan Antón y María Gerónima
- Diego Miguel y Juana Pascuala
- Juan Nicolás y María Melchora
- Francisco Simón y Magdalena Luisa
- Pedro Gaspar y Catalina Clara
- Juan Agustín y María Magdalena
- Diego Gaspar y María Magdalena
- Domingo Santiago y Catalina Angelina
- Juan Agustín y María Juana
- Juan Tejeda y María Magdalena
- Domingo Ramos y María Luisa
- Diego Lázaro y Magdalena Agustina
- Juan Miguel y María Magdalena
- Francisco Geró nimo y María Juana
- Juan de Torres y María Catalina
- Pedro Martín y Ana Magdalena
- Pedro Juan y María Magdalena
- Mateo Lucas y María Magdalena
- Juan Bautista y María Catalina
- Juan Roque y Isabel Gerónima
- Juan León y María Magdalena
- Juan Bautista y María Luisa
- Juan de Vera y Ana Bautista
- Juan López y Catalina Justina
- Nicolás de Santiago y Josefa López
- Pedro Juan y María Juana
- Pedro Miguel y Magdalena Jaloma

Solteros y Solteras

- Pedro Nicolás
- Magdalena María
- Ana Luisa
- Pedro Gonzalo
- María Magdalena
- Juan Miguel
- Ana María
- Magdalena Inés
- María Catalina
- Alonso Martín
- Magdalena Jaloma

- María Angelina
- Juana Pascuala
- Magdalena Lucrecia
- Juan Andrés
- María Gerónima
- Catalina Luisa
- Magdalena Luisa
- Francisco Simón
- Miguel
- Ignacio Baltazar
- Angelina María
- Juan Sebastián
- María Catalina
- María Gerónima
- Juan Reyes
- María Jaloma
- Ana María
- María Susana
- María Angelina
- Juan Miguel

Españoles de este partido de Nochistlán

- Juan Duran y Regina de Aguayo
- Luis de Velasco y Teresa Duran
- Rodrigo de Aguayo e Isabel de la Cruz
- Diego González y Magdalena Flores
- Juan Lozano y Josefa de Sandoval
- Gerónimo de Aramburú y Doña Elvira de Carbajal
- Matías Mejía y Dorotea Rodríguez
- Lorenzo Mejía viudo
- Bernardino de Islas y Mariana de Sandoval
- Luis Delgadillo y Catalina de Islas
- Nicolás Mejía y Elvira de Islas
- Mateo de Rubalcaba y Etna de Islas
- Diego Delgadillo y Petrona de Islas
- Onofre Sánchez y María de Rojas
- Tomasa de Sepúlveda viuda
- Juan de Estrada y Margarita de Ortega
- Juan de Estrada y Doña Juana de Siordia
- Nicolás Rodríguez y Antonia de Mesa
- Sebastián Íñiguez y María de Mesa
- Nicolás Íñiguez y María de Ulloa
- Juan de Carbajal y Jacinta Yáñez
- Nicolás de Sepúlveda y Gerónima de Benavides
- Lucas de Lomelín y Josefa de Torres
- Juan de Morones e Isabel de Bellosillo
- Nicolás de Quezada y A na Delgadillo
- Lorenzo Yáñez viudo
- Juan de Chávez Salguero y Francisca de Siorda
- Juan Francisco y Josefa de Chávez
- Juan Hernández y María de Chávez
- Juan Yáñez y María de Medinilla
- Juan de Medina y Antonia Sánchez
- Diego de Aramburú y Mariana de Yáñez
- Juan de Rentería e Isabel Calderón
- Juan Delgadillo y Elvira Martín Bautista
- Juan Rodríguez de Frías

- Nicolás Carillo y Agustina Jiménez
- Mateo Pérez y Tomasa de la Cruz
- Nicolás Muñoz de León y María Duran
- Nicolás Ramírez y Luisa de Chávez
- Antonio de Legaspi y Magdalena de la Besares
- Marcos de Mondragón y María de Aguayo
- José Duran y Beatriz de la Cruz
- Lorenzo de Rubalcaba
- Diego de Aguayo e Isabel Pérez
- Juan de Aguayo y Catalina de la Cruz
- Andrés Duran y Juana de la Asención
- Diego de Sandoval y María Delgadillo
- Juan de Sandoval y Magdalena González
- Gerónimo de Sandoval y Magdalena de la Besares
- Nicolás de Sandoval y Magdalena González
- Melchor de Sandoval solt.
- Don Nicolás de Zepeda y María Delgadillo

Padrón del Pueblo de Toyahua jurisdicción de Nochistlán

- Gabriel Ángel y Magdalena Luisa
- Pedro Gaspar y María Catalina
- Juan Martín y Magdalena Isabel
- Francisco Gerónimo y Ana María
- Hipólito de Ledezma y Catalina María
- Fabián Sebastián y María Agustina
- Juan Miguel y Catalina María
- Hipólito de Ledezma y María Bárbula
- Juan Pascual y Catalina María
- Alonso Lucas y Magdalena Isabel
- Juan Bautista y Ana Mencia
- Alonso Lucas y María Magdalena
- Cristóbal de Zarate y María Luisa
- Alonso Gaspar y Catalina Clara
- Francisco Juan y María Magdalena
- Alonso Ambrosio y Francisca Tomasa
- Francisco Agustín y Ana Isabel
- Juan Pascual y Jacinta de Olivas
- Pedro Melchor y Catalina María
- Juan Baltazar y Magdalena Inés
- Francisco Guzmán y Catalina Ágata
- Francisco Hernández y Catalina María
- Nicolás Domingo y Catalina María
- Juan Luis y Catalina Isabel
- Francisco Miguel y María Ana
- Francisco Martín y Juana de la Cruz
- Juan Tomás y María Magdalena
- Antón Bartolomé y Luisa Agustina

- Alonso Miguel y Catalina García
- Juan de la Cruz y Magdalena Juana
- Juan Agustín y Magdalena Francisca
- Antón Bartolomé y Ana María
- Pedro Luis y Catalina María
- Juan Tomás y Ana María
- Pedro Felipe y Magdalena Marta
- Melchor Baltazar y Magdalena Juana
- Francisco Hernández y María Juana
- Juan Tomás y Ana María
- Juan Lorenzo e Isabel de la Cruz
- Gabriel Ángel y Luisa María

Solteros y Solteras

- María Magdalena
- Catalina Polonia
- María Juana
- Ana María
- Francisco Nicolás
- Nicolás Diego
- Juan Pablo
- Catalina Juana
- Juan Pascual
- Gaspar Melchor
- Juan Gaspar
- María Magdalena
- Ana Marta
- Juan Fabián
- María Agustina
- Catalina Angelina
- Francisco Hernández
- Luis de los Reyes
- Ana María
- Juan Baltazar
- Catalina
- Juan Cristóbal
- María Ana
- María Magdalena
- Antón Bartolomé
- Pascuala
- Juan Miguel

Pueblo de Apulco de este Partido de Nochistlán

- Juan Miguel e Isabel Luisa
- Juan Domingo y María Magdalena
- Juan Baltazar y Magdalena Isabel
- Francisco Miguel y Micaela Luisa
- Francisco Martín y María Isabel
- Pedro Simón y Ana María
- Pedro Simón y Ana María
- Antón de la Cruz y Ana Josefa
- Bernabé Matías y Magdalena María
- Pedro Sebastián y María Catalina
- Alonso Gregorio y Magdalena Isabel
- Diego Felipe e Isabel de Ávila
- Juan miguel y María Magdalena
- Gaspar Rodríguez y Ana Agustina
- Juan Tomas y Francisca Teresa
- Alonso Baltazar y Ana María
- Juan Diego y María Micaela

- Juan de la Cruz y
  Juana María
- Cristóbal Gaspar y
  Ana Gutiérrez
- Francisco Martín y
  Magdalena Luisa
- Juan Bautista y
  María Magdalena
- Domingo Santiago y
  Ana María
- Pedro Gaspar y
  Ana Isabel
- Diego Hernández y
  Juana Bernardina
- Bernabé Matías y
  María Magdalena

Solteros y Solteras

- Domingo Santiago
- Francisco Agustín
- Hipólito Ledezma
- María Magdalena
- Jacobo
- Juan
- Pedro Hernández
- María Juana
- Magdalena Isabel
- Juan Domingo
- Catalina Gerónima
- Ana María
- Domingo Ramos
- Luisa Isabel
- Diego Hernández

Pueblo de Tenayuca de este Partido de Nochistlán

- Martín Santiago y
  María Gerónima
- Juan Martín y
  Juana Isabel
- Francisco Hernández y
  Magdalena Luisa
- Francisco Damián y
  María Angelina
- Pedro Gaspar y
  María Isabel
- Nicolás Hernández y
  Magdalena Petrona
- Andrés Santiago y
  Catalina Elvira
- Alonso Baltazar y
  María Magdalena
- Miguel Hernández y
  María Ana
- Diego Jacobo y
  María Pascuala
- Pedro Martín y
  Catalina Juana
- Francisco Melchor y
  Magdalena Inés
- Diego Jacobo y
  Catalina María
- Francisco Damián y
  Magdalena María
- Pedro Antón y
  Catalina Lucía
- Juan Martín y
  Francisca Petrona
- Melchor Pérez y
  Magdalena María
- Juan Bautista y
  Isabel Magdalena
- Pedro Gaspar y
  María Gerónima
- Juan Bautista y
  Ana María
- Juan Miguel y
  Juana María
- Martín Santiago y
  Luisa María
- Antón Santiago y
  Catalina Ana
- Miguel Ángel y
  María Isabel
- Juan Pascual y
  Catalina Polonia
- Agustín Pérez y
  Petrona Inés
- Juan Miguel y
  María Isabel

- Juan Blas y
  Magdalena María
- Pedro Lozano y
  María Clara
- Diego Andrés y
  Ana Martín

Solteros y Solteras
- Catalina María
- Miguel Santiago
- Juan Agustín
- Magdalena María
- Juan Miguel
- Alonso Cruz
- María Ana
- Catalina María
- Diego Hernández
- Bernabé Francisco
- Magdalena Luisa
- María Gerónima
- Damián Francisco

Pueblo de Mezquiticacán del Partido de Nochistlán

- Pedro Gaspar y
  María Clara
- Juan Baltazar y
  María Magdalena
- Pedro Baltazar y
  Magdalena Mencia
- Miguel Mateo y
  María Elena
- Diego Hernández y
  Luisa Juárez
- Baltazar García y
  Ana Sebastián
- Baltazar Pérez y
  Francisca Magdalena
- Juan Bartolomé e
  Isabel de Santiago
- Francisco Hernández Guido y
  Ana María
- Juan Miguel y
  María Francisca
- Juan Pablo el viejo y
  María Magdalena
- Domingo Hernández y
  Ana Sebastiana
- Juan Diego y
  Ana María
- José Gómez y
  María Magdalena
- Nicolás Diego e
  Isabel de la Fuente
- Martín Sánchez y
  Isabel Ana
- Martín López y
  Elvira de Carbajal
- Juan Pablo el mozo y
  Juana Pascuala
- Sebastián Felipe y
  Ana Luisa
- Pedro Simón y
  María Magdalena
- Nicolás Hernández y
  Catalina Inés
- Francisco Luis y
  María Pérez
- Juan Pablo y
  María Angelina
- Juan Martín y
  Micaela Bernardina
- Pedro López y
  Ana María
- Juan Pérez y
  Ana María
- Pedro Martín y
  Magdalena Hernández
- Juan Vicente y
  Mariana Ortiz
- Nicolás Hernández y
  Marta Isabel
- Pedro Mateo y
  Magdalena Juliana
- Fabián Sebastián y
  María Magdalena
- Juan Diego y
  María Luisa
- Domingo Hernández y
  María Magdalena

- Francisco Miguel y María Magdalena
- Baltazar Pérez y Francisca Magdalena
- Pedro Gaspar y María Clara
- Diego Martín y Ana Isabel
- Juan Guerra y Catalina Josefa
- Juan Miguel y Ana María
- Diego Sebastián y Pascuala Gerónima
- Miguel Baltazar y María Magdalena
- Diego Pérez y María Magdalena
- Francisco Martín y María Luisa
- Juan Luis y Melchora de los Reyes
- José Hernández y Ana Lucía
- Pablo Simón y María Angelina
- Diego Felipe y María Marta
- Juan Marcos y María
- Francisco Miguel y María Magdalena

Solteros y Solteras

- Manuel de Lomelín
- María Magdalena
- Isabel García
- Alonso Miguel
- Ana de Santiago
- Sebastián Rafael
- María Andrea
- María
- Diego Melchor
- Catalina Velásquez
- Ana Oliva
- Beatriz Vásquez
- Teresa Vásquez
- María Jaloma
- Francisco Sebastián
- Juan Pérez
- Francisca Margarita
- Magdalena Oliva
- Catalina Francisca
- Magdalena Teresa
- Margarita Micaela
- Pedro Alonso
- Juan Gómez
- Juan Miguel
- Luisa Vásquez

Nochistlán, Zacatecas

Padron de la Villa de Ylamatlan ... año de 1676

Cassa y familia del Capn. D. Pedro de Ybarra aiburen Alcalde mayor de ella

Don Fco. de Ybarra aiburen Esp. stt

Don Fernando de Luna Esp. stt

Micaela de Ybarra mul. stt

Cassa del Sr. Don Bernabe de Basti

Ygnacio de Basti Esp. stt

Juana de Avila mul. Esp. stt

Cassa del Br. Dn. Aleixo de Vidaurre

D. Maria de Vidaurre Esp. stt

Jacome Cardon Esp. stt. D. Ana ... Esp. stt

Francisco ... Esp. de ... años

Josepha ... Esp. de ... años

Ysabel ... mul. Esp. stt

Maria Ortiz mul. Esp. stt

Ana Ortiz mul. Esp. stt

Maria Magdalena Esp. stt

Theresa Maria negra Esp. stt

Luisa Ortiz mul. Esp. stt

Maria de la Cruz negra Esp. stt

Cassa y familia de D. Maria de Basti

D. Maria de Basti Esp. stt

Ana Pardo morisca Esp. stt

Ysabel negra Esp. stt

Ana negra Esp. stt

Ysabel negra Esp. stt

Maria Pardo mo. stt

Ygnacia ... Esp. stt

Melchora India stt

Maria mul. Esp. stt

Juan mul. Esp. de ... años

Antonio negro Esp. stt

Cassa de D. Mariana de Basti

Dña. Mariana de Basti Esp. stt

Dña. ... Esp. stt

Catalina negra Esp. stt

Juana mul. Esp. stt

Maria mul. Esp. stt

Theresa mul. Esp. de ... años

Thomasa India stt

Jacinto ... de ... años

Cassa de D. Leonel de Cervantes

D. Leonel de Cervantes Esp. stt D. Maria de Villegas stt

Elvira Muñoz Esp. stt

Maria de la Encarnacion Esp. stt

Nicolas de Villegas Esp. de 12 años

Leonor Ortiz mu. stt

Francisca mul. Esp. stt

Josepha mul. Esp. stt

Joseph mul. Esp. stt

Antonio mul. Esp. stt

Luisa mul. Esp. stt

Maria mul. Esp. stt

Antonio de Villegas mul. stt

Cassa de Diego Moreno de Ortega

Diego Moreno de Ortega Esp. stt Leonarda de ... Esp. stt

Maria Infante Esp. stt

Juan Fernandes stt Josepha ... mul. Esp. stt

Agustin Indio de ... años

Juan Indio de ... años

Pedro Indio de ... años

Cassa de D. Macario Chaves de Herrera

D. Macario Chaves Esp. stt D. Josepha de Vergara stt

D. Ana de Herrera Esp. de ... años

Nicolas de Herrera mul. Esp. stt

Juan Indio de 12 años

Nicolas ... de ... años

Fernando ... de 12 años

SANTA MARÍA DE LOS LAGOS EN 1676

PADRÓN DE LA VILLA DE SANTA MARÍA DE LOS LAGOS DE ESTE PRESENTE AÑO DE 1676.

Casa y familia del Capitán Don Pedro de Ibarra Atiburen Alcalde Mayor de ella

- Don Pedro de Ibarra Atiburen español soltero ††
- Don Pedro Camaño de Luna español soltero ††
- Micaela Ibarra mulata ††

Casa del Bachiller Bernabé de Isasi

- José de Isasi español solt. ††
- Tomás de Isasi español ††
- Juana de Anda mulata esclava ††

Casa del Bachiller Don Alonso de Vidaurre

- Doña María de Vidaurre española viuda ††
- Jácome Carlín español casado ††
- Doña Antonia Ortiz ††
- Juan Guerra español de 11 años †
- José Guerra de 10 años †
- Juan mulato esclavo ††
- María Ortiz mulato esclava ††
- Antonia Ortiz mulata esclava solt. ††
- María Magdalena india solt. ††
- Teresa María negra esclava ††
- Luisa Ortiz mulata esclava ††
- María de la O negra libre solt. ††

Casa y Familia de Doña María de Isasi

- Doña María de Isasi española viuda ††
- Ana Pardo morisca solt. ††
- Isabel negra esclava solt. ††
- Antonia negra esclava solt.††
- Felipa de la Cruz india solt. ††
- Melchora india solt. ††
- María mulata esclava solt.
- Francisco mulato esclavo de 10 años †
- Antonio negro esclavo solt. ††

Casa de Doña Margarita de Isasi

- Doña Margarita de Isasi española viuda ††
- Doña Petronila de Isasi española solt. ††
- Catalina negra esclava solt. ††
- Juana esclava solt. ††
- María mulata esclava solt. ††
- Teresa mulata esclava de 11 años
- Tomasa india solt. ††
- Beatriz india de 10 años †

Casa de Leonel de Cervantes

- Don Leonel de Cervantes español casado ††
- Doña María de Villegas española ††
- Elvira Muñoz española solt. ††
- María de la Encarnación española solt. ††
- Nicolás de Villegas español 12 años †
- Patrona Ortiz mestiza solt. ††
- Francisca mulata esclava solt. ††
- Josefa mulata esclava solt. ††
- José mulato esclavo solt. ††
- Antonio mulato esclavo solt. ††
- Luisa mulata esclava solt. ††
- María mulata esclava solt. ††
- Antonia de Villegas mestiza solt. ††

Casa de Diego Moreno de Ortega
- Diego Moreno de Ortega español casado ††
- Leonor de Araujo española ††
- María Infante española solt. ††
- Juan Hernández indio casado ††
- Josefa López mulata esclava ††
- Agustín indio de 10 años †
- Juana india de 9 años †
- Pedro indio de 10 años †

Casa de Don Macario Juárez de Herrera
- Don Mariano Juárez español casado ††
- Josefa de Villegas ††
- D. Ana de Herrera española 10 años †
- Nicolás de Tolentino mulato esc. ††
- Juan indio de 22 años †
- Nicolás indio de 11 años †
- Hernando indio de 12 años †
- María mulata esclava solt. ††
- Ana de Villegas negra esc. solt. ††
- Domingo mulato esclavo solt. ††
- María Magdalena india solt. ††
- Francisca mestiza solt. ††

Casa Don Isidro de Bribiesca
- Don Isidro de Bribiesca casado ††
- Doña María de Isasi española ††
- Doña María de Bribiesca española solt. ††
- Juan Briones mestizo solt. ††
- Josefa Marmolejo india ††
- Catalina mulata esclava solt. ††
- Ana de Isasi mestiza solt. ††

Casa de Don Lorenzo de Carbajal
- Don Lorenzo de Carbajal español casado ††
- Doña Catalina de Orozco española ††
- Doña Inés de Villegas española casada ††
- María negra esclava solt. ††
- Teresa mulata esclava solt. ††
- María Ana india solt. ††
- Miguel mulato esclavo solt. ††
- Inés de los Reyes india casada
- Juan mestizo de 10 años †
- Esteban mestizo de 12 años †

Casa de José López de Lara
- José López español casado ††
- Doña María de Padilla ††
- Doña Ana de la Cruz española de 11 años †
- María mulata esclava solt. ††
- Catalina mulata esclava solt. ††

Casa de Beatriz de Anda
- Beatriz de Anda española solt. ††
- María de Anda española casada ††
- Nicolás de Anda negro esclavo casado ††
- Catalina de la Cruz india ††
- Pascuala india solt. ††
- Teresa india solt. ††
- Margarita mulata solt. ††
- Manuel indio de 12 años †
- Luisa mulata solt. ††

Casa de Diego Gómez del Zalzo
- Diego Gómez del Zalzo español casado ††
- Ana de Villegas española ††
- Juan mestizo de 11 años †
- Salvador indio de 10 años †

Casa Gerónima Macías
- Gerónima Macías española solt. ††
- Gertrudis Macías española solt. ††
- María de Retamosa morisca libre solt. ††
- Luis Macías mestizo de 12 años †
- Bernabé Macías mestizo 11 años †
- Nicolasa María india solt. ††
- Luis Macías negro esclavo solt. ††
- María mulata esclava solt. ††

Casa Diego de Andrada
- Diego de Andrada
- Diego de Andrada español casado ††

- Catalina de Sepúlveda ††
- Simón de Andrada español solt. ††
- María de Andrada española solt. ††
- Magdalena de Andrada española solt. ††
- Petrona de Andrada española solt. ††
- María negra esclava solt. ††

Casa de Antonio López
- Antonio López español solt. ††
- Catalina Rubio española solt. ††
- María Rubio española solt. ††
- Petrona Hernández india solt. ††
- María Rubio mestiza de 12 años †
- Magdalena india de 10 años †

Casa de Teresa de Cervantes
- Teresa de Cervantes española solt.
- Juan Jacinto español solt. ††
- María de San Juan española solt. ††
- Andrea española de 9 años †
- Sebastián indio de 12 años †

Casa de Antonia de Cervantes
- Antonia de Cervantes española solt. ††
- Isabel de Anaya española solt. ††
- Mariana de Alba española solt. ††
  José de Cervantes español solt. ††
- Angelina de Cervantes española solt. ††
- Nicolás de Cervantes español solt. ††
- Josefa González española solt. ††
- María Landeros española solt. ††

Casa de Catalina Martín
- Catalina Martín española solt. ††
- Ignacio Gutiérrez español casado ††
- Doña Juana Rincón española ††
- Juan negra esclava solt. ††
- Inés mulata esclava solt. ††
- Felipa negra esclava solt. ††
- Nicolasa Martín mestiza solt. ††
- Juan negro de 12 años †
- Magdalena mulata de 10 años †
- Casa de Leonor de Pedroza
- Leonor de Pedroza española solt. ††
- Margarita de Pedroza española solt. ††
  José de Pedroza mulato esc. 11 años
- Santiago de Pedroza mulato esclavo de 9 años †
- Juana Bautista mulata esclava solt. ††
- Josefa de Pedroza mestiza solt. ††
- Juana india viuda ††
- Tomasa de Pedroza mestiza solt. ††
- María Ana mulata esclava solt. ††
- Pascual indio de 10 años
- Felipe indio de 9 años

- Catalina de Escoto española solt. ††
- Juan de Escoto español solt. ††
- Casa de Isabel de Rojas
- Isabel de Rojas española casada ††
- María del Castillo española solt. ††
- Nicolasa del Castillo española solt. ††
- Tomasa de Sepúlveda viuda ††
- Juan Iñiguez español casado ††
- Ana Infante española ††
- Juana de Sepúlveda española solt. ††
- Catalina de Andrada española solt. ††
- Onofre Sánchez español casado ††
- María de Rojas solt. ††
- Juan de Rojas español solt. ††
- Casa de Nicolás de Ortega
- Nicolás de Ortega español ††
- Juana de Cuevas ††
- Micaela García española solt. ††
- Juana Pérez española ††
- Agustín García español solt. ††
- Pedro de Ortega español solt. ††
- Angelina de Soto mestiza ††
- Alonso Martín indio solt. ††
- Miguel Hernández español 11 años †
- Juan de Ortega español solt. ††
- Nicolasa de Pedroza mestiza ††

Casa de Francisca Ramírez
- Francisca Ramírez morisca libre viuda ††
- Rufina González morisca libre solt. ††
- Andrés López morisco libre solt. ††
- Catalina negra libre solt. ††
- Josefa de Arsola india ††

Casa Antonio González

- Antonio González español casado ††
- María Pérez española ††
- María de la Cruz española ††
- Juana Domínguez española 10 años †
- Casa de José Sánchez
- José Sánchez español casado ††
- Aldonza Ortiz de Aguirre española ††
- Nicolás de Aguirre niño de 9 años
- Pascual de la Cruz indio casado ††
- Teresa Martín india ††

Casa de Juan Bautista

- Juan Bautista indio casado ††
- Ana María india ††
- Juan de Saavedra mestizo solt. ††
- Juan Barroso indio solt. ††
- Juana Ruiz mestiza solt. ††
- Lucía Gómez india solt. ††
- Esperanza negra libre solt. ††

Casa de Miguel Ortiz

- Miguel Ortiz morisco libre casado ††
- María Duran mestiza ††
- Manuel Delgado mestizo solt. ††
- Petrona de Silva india solt. ††
- María india solt. ††

Casa de Ana Tavera

- Ana Tavera española viuda ††
- Francisco Sánchez español solt. ††
- Agustín Izquierdo mestizo casado
- María de Retamosa mestiza ††
- Francisco Izquierdo mestizo12 años †

Casa de Diego Varela

- Diego Díaz Varela español viudo ††
- Francisco Varela español solt. ††
- María Varela española solt. ††
- Isidora Varela española solt. ††
- María de la O española solt. ††
- Teodora Díaz Varela española solt. ††
- Isabel Varela española solt. ††
- Juan Pacheco español casado ††
- Catalina Varela española ††
- Gabriel mulato libre solt. ††

Casa de Juana Tavera

- Juana Tavera española viuda ††
- Diego Izquierdo español solt. ††
- Antonio Nagas español casado ††
- María Ana Mosino ††
- Gaspar de Laris español solt. ††
- Juana Tavera mestiza solt. ††
- Francisca mulata libre solt. ††
- Nicolasa mulata esclava solt. ††
- Catalina mulata esclava solt. ††
- Juana mulata esclava solt. ††

Casa de Francisco Tavera

- Francisco Tavera español casado ††
- María Muñoz española ††
- Nicolasa Galván española casada ††
- María Rubio española ††
- Francisca de Armendáriz española solt. ††
- Nicolás de Armendáriz español solt. ††
- Bartolomé Tavera español solt. ††
- Luisa mulata esclava solt. ††
- Isabel de la Cruz mulata solt. ††
- Domingo de la Cruz de 12 años †
- Nicolás Gutiérrez mulato de 10 años †
- Micaela Gutiérrez mulato de 9 años †
- Blas Hernández indio solt. ††
- Teresa López india solt. ††
- Antonio indio de 10 años †

Casa de Catalina Ortiz

- Catalina Ortiz española viuda ††
- Catalina Ortiz española de 12 años ††
- Inés de Espinoza española 10 años †
- Magdalena de Espinoza española de 8 años †
- Josefa Sánchez mestiza de 10 años †
- Francisco de Espinoza español casado ††
- Josefa Gutiérrez ††
- Felipe de Espinoza español solt. ††

Casa Catalina Ortega

- Catalina Ortega española viuda ††
- Nicolás Martín español solt. ††
- Pedro Martín español casado ††
- Inés Gómez ††

- Isabel Martín española solt. ††
- Casa de Juan de Torres
- Juan de Torres español casado ††
- Juana Pérez española ††
- Josefa Pérez española viuda

Casa Alfonso mestizo solt. ++
- Agustín de Espinoza mestizo solt. ††

Casa de José de Espinoza
- José de Espinoza español casado ††
- María Burgueño española ††
- María de Espinoza española solt. ††
- Francisco Ramírez mestizo de 10 años †

Casa de Antonio de Ledesma
- Antonio de Ledesma español casado ††
- María López ††
- Juan López español solt.
- Sebastiana López española solt. ††
- Pedro indio de 10 años

Hacienda de Francisco Rodríguez
- Francisco Rodríguez español casado ††
- Ana de Portugal española ††
- Domingo de Fonseca español casado ††
- Felipa de Isasi ††
- Bernardo Rodríguez español solt. ††
- Juan Gómez Portugal español solt. ††
- Miguel Rodríguez de 10 años †
- María de Portugal española de 9 años †
- Manuel negro esclavo solt. ††
- Francisco negro esclavo solt. ††
- Francisco negro esclavo solt. ††
- Elena Ramírez india ††
- Miguel de los Reyes mulato esclavo casado ††
- María mulata libre ††
- Lorenzo Palacios mulato esclavo solt. ††
- Manuel negro esclavo solt. ††
- Jacinto Salomón mulato esclavo solt. ††
- Mateo mulato esclavo solt. ††
- Nicolás de la Cruz mulato esclavo solt. ††
- Juana mulata esclava solt. ††
- Antonia negra esclava solt. ††
- Micaela mulata esclava solt. ††
  Úrsula mulata esclava solt. ††
- Francisca mulata esclava solt. ††
- Andrés indio solt. ††
- Salvador indio solt. ††
- Miguel indio solt. ††
- Petrona india solt. ††
- Juan indio casado ††
- Isabel María india ††
- Juan indio casado ††
- María Magdalena india ††
- Juan indio de 12 años †
- Nicolás indio solt. ††
- Juan indio solt. ††
- Melchor indio de 11 años †
- María de la Cruz india solt. ††
- Miguel Juan indio solt. ††
- Cecilia Hernández india solt. ††
- Francisco de la Cruz indio solt. ††
- María de la Concepción india ††
- Bartolomé Hernández indio casado ††
- Sebastiana Ruiz india ††
- Antonia Ruiz india solt. ††
- Cristóbal Sánchez indio solt. ††
- Francisco de Sosa indio casado ††
- Magdalena Francisca india ††
- Cristóbal indio de 12 años †
- Juan india de 11 años †
- Lorenzo Hernández indio casado ††
- Micaela Gerónima india ††
- Nicolasa de la Cruz india solt. ††
- Juan Francisco indio solt. ††
- Felipe Hernández indio casado ††
- Magdalena María india ††
- Petrona Hernández indio 10 años †
- Juana Hernández india solt. ††
- Bartolomé de Anda indio casado ††
- Nicolasa Ramírez india ††
- Pascual Ramírez indio casado ††
- Josefa García india ††
- Alonso Valadés mulato casado ††
- Gertrudis de Salazar mulata libre ††
- Melchor mulato libre ††
- María mulata libre de 12 años †
- Luis Valadés mulata libre solt. ††
- Andrea Valadés mulata libre solt. ††

- Andrés mulato de 10 años †
- Felipe mulato libre de 9 años †

Hacienda del Capitán Andrés Ramírez de Guerra

- Andrés Ramírez de Guerra español viudo
- José García español casado ††
- Margarita Gutiérrez española ††
- Andrés Ramírez de Guerra español soltero ††
- Margarita mulata esclava solt. ††
- Manuel Márquez indio casado ††
- María Nicolasa india ††
- Antonia mulata esclava solt. ††
- Juana india solt. ††
- Catalina india solt. ††
- Teresa Gutiérrez india solt. ††
- Santiago de la Cruz indio casado ††
- Catalina de la Cruz india ††
- Juan Lope indio solt. ††
- Salvador de Sandoval indio solt. ††
- Melchor de Sosa mulato libre solt. ††
- Lorenzo Hernández mulato libre solt. ††
- Juan Pascual indio solt. ††
- Francisco Vásquez mestizo solt. ††
- Bartolomé Castañón español casado ††
- Juan del Prado mestizo casado ††
- Ana Ramírez mestiza ††
- Juan Buitrón mestizo solt. ††
- Luis Andrés indio casado ††
- Agustina María india ††
- Juan Miguel indio solt.
- Isabel de Saucedo india solt. ††
- Domingo Hernández indio casado ††
- Inés india ††
- Juan Miguel indio casado ††
- María Magdalena ††
- Agustín Miguel indio solt. ††
- Miguel indio de 11 años †
- María de la Cruz india solt. ††
- Andrés Sánchez indio solt. ††
- Juan de Santiago indio solt. ††
- Pascual Rodríguez indio casado ††
- Agustina Juana india ††
- Juan Godínez indio solt. ††
- Sebastián mulato libre solt. ††
- Juan Ruiz indio solt. ††
- Juan de la Cruz indio solt. ††
- Domingo Miguel indio solt. ††
- Miguel Hernández indio solt. ††
- Felipe de los Santos indio solt. ††
- Juan Gómez indio solt. ††
- Pedro mulato solt. ††
- Nicolás de Loya mulato casado ††
- Juana Ramírez mulata libre ††
- María de Santiago india solt. ††
- Sebastián Ramírez indio casado ††
- Gertrudis de la Cruz india ††
- Constanza de los Reyes india solt. ††
- Josefa Ramírez india solt. ††
  Nicolás Ramírez indio solt. ††
- Nicolás Alonso indio solt. ††
- Antonia Alfonsa india solt. ††
- Felipa Alfonsa india solt. ††
- Juan de Moya indio casado ††
- María Ana india ††
- Tomás Hernández indio casado ††
- María Magdalena india ††
- Francisco Andrés indio casado ††
- Felipa de la Cueva india ††
- Cristóbal de Espilia mestizo casado ††
- Jacinta Ramírez mestiza ††
- Felipe de Espilia mestizo solt. ††
- Rigo Tobares mestizo solt. ††
- Elena María india ††
- Juan Manuel indio casado ††
- María Ana india ††
- Pascual de Contreras mestizo casado ††
- Ana Tavares mestiza ††
- María Tavares mestiza solt. ††
- Josefa Tavares mestiza solt. ††
- Pascuala Tavares mestiza solt.
- Cristóbal Sánchez mestizo casado ††
- Beatriz Hernández mestiza ††
- Rigo Vásquez indio casado ††
- Juana María india ††
  Juan de Orozco mestiza solt. ††
- Juana Franco mestiza solt. ††
- María Franco mestiza solt. ††
- Lorenza Franco mestiza solt. ††
- María de San Cristóbal mestiza solt. ††

- Luisa Gómez india solt. ✝✝
- Juan Pérez india solt. ✝✝
- Esperanza de la Trinidad india solt. ✝✝
- Nicolás de Tapia indio solt. ✝✝
- Antonio de 8 años
- Rosa María india solt. ✝✝
- Antonio Rodríguez indio casado ✝✝
- Juan Marta india ✝✝
- Felipe indio de 12 años ✝
- Felipe Martín indio casado ✝✝
- Ana María india ✝✝
- Diego indio de 11 años ✝
- Felipe indio de 10 años ✝
- Hernando indio de 11 años ✝
- Juan indio de 9 años ✝

Hacienda y Labor de Esteban de Anda

- Esteban de Anda Altamirano español casado ✝✝
- Mariana de Araujo ✝✝
- Alonso de Alba español solt. ✝✝
- Cristóbal Pérez mestizo casado ✝✝
- Ana Pérez mestiza ✝✝
- Felipe de Araujo español solt. ✝✝
- Nicolás de Nava español solt. ✝✝
- María negra esclava solt. ✝✝
- Juana mulata esclava solt. ✝✝
- Isabel mulata esclava solt. ✝✝
- María mulata esclava solt. ✝✝
- Eufracia mulata esclava solt. ✝✝
- María Sánchez mulata esclava solt. ✝✝
- Gregorio mulato esclavo solt. ✝✝
- Diego Miguel indio casado ✝✝
- Luisa María india ✝✝
- Manuel indio casado ✝✝
- Ana María india ✝✝
- Cristóbal indio solt. ✝✝
- Francisco indio casado ✝✝
- Luisa india ✝✝
- Pedro Martín indio casado ✝✝
- María Magdalena india ✝✝
- María india solt. ✝✝
- Andrea india de 12 años ✝
- Juan Vásquez indio casado ✝✝
- María india ✝✝

Hacienda de Mariquita del Doctor Don Pedro Arias Pardo

- Pedro Arias mestizo casado ✝✝
- Laureana de Ávila mestiza ✝✝
- Blas negro esclavo casado ✝✝
- Sebastiana María india ✝✝
- Simón negro esclavo solt. ✝✝
- Bernabé mulato esclavo solt. ✝✝
- Cristóbal mulato esclavo solt. ✝✝
- Felipe negra esclava solt. ✝✝
- Martín mulato esclavo casado ✝✝
- Mónica María india ✝✝
- Bartolomé mulato esclavo solt. ✝✝
- Lucas indio casado ✝✝
- María Ana india ✝✝
- Domingo indio casado ✝✝
- Nicolasa Catalina india ✝✝
- Juan Melchor indio casado ✝✝
- Lucía india ✝✝
  Juan indio de 12 años
- Magdalena india de 11 años
- María de Páez india de 9 años ✝
- Lucía india de 10 años ✝
- Gaspar Miguel indio casado ✝✝
- Ana María india ✝✝
- Angelina india de 10 años
- Juan indio solt. ✝✝
- Juan Miguel indio casado ✝✝
- Tomasa india ✝✝
- Francisca de 11 años ✝✝
- Lázaro Alejo indio solt. ✝✝
- Francisco de la Cruz indio solt. ✝✝
- Agustín Miguel indio solt. ✝✝
- Miguel Pérez indio casado ✝✝
- Isabel india ✝✝
- Nicolasa india solt. ✝✝
- Santiago indio casado ✝✝
- María Magdalena india ✝✝
- Baltazar Melchor indio casado ✝✝
- Angelina india ✝✝
- Nicolás Diego indio solt. ✝✝
- Sebastián Pérez indio solt. ✝✝
- Juan Tomás indio solt. ✝✝
- Francisco Martín indio solt. ✝✝
- Diego Miguel indio solt. ✝✝
- Tomás indio de 10 años ✝

- Francisco indio de 11 años †
- Bernabé indio de 12 años †

Casa de Francisco Ortega
- Francisco de Ortega mestizo solt. ††
- Juan Díaz mestizo solt. ††
- Francisco Martín indio casado ††
- Inés india ††
- Santiago de la Cruz indio solt. ††
- Andrés Sánchez indio solt. ††
- María de Anaya mestiza solt. ††
- Pedro Félix indio solt. ††
- Catalina Corona india solt. ††

Casa de Felipe de Medellín
- Felipe de Medellín mestizo casado ††
- Antonio Ramírez ††
- Isabel García mestiza solt. ††
- Felipa de la Cruz mestiza solt. ††
- Felipe de Quezada mestizo solt. ††

Casa de Luis Hernández indio
- Luis Hernández indio casado ††
- Úrsula María india ††
- José Hernández indio casado ††
- Inés de la Cruz loba ††
- Teresa de la Cruz india solt. ††
- Diego de la Cruz indio solt. ††
  Luis indio de 10 años †

Casa de Isabel Velásquez
- Isabel Velásquez mestiza viuda ††
- Diego de Mendoza mestizo casado ††
- Catalina Gómez mestiza ††
- Antonia de Mendoza mestiza solt. ††
- Manuel de Espinoza mestizo solt. ††
- María de Quezada mestiza solt. ††
- José Velásquez mestizo solt. ††
- Tomás de Mendoza mestizo solt. ††
- Isabel Velásquez mestiza solt. ††
- Domingo de la Cruz mestizo solt. ††
- Pedro de Mendoza mestizo solt. ††
- Pedro Sánchez mestizo solt. ††

Casa de Sebastiana de la Mota
- Sebastiana de la Mota india viuda ††
- María Hernández india solt. ††
- Diego de Ortega mestizo solt. ††
- María de Ortega india solt. ††

Casa de Marcos López
- Marcos López morisco libre casado ††
- Margarita Duarte mulata libre ††
- Sebastián Ramírez morisco libre solt. ††
- Antonio del Cruz morisco libre casado ††
- Pascuala López morisca libre ††
- Pascual López morisco libre solt. ††
- Nicolás López mestizo casado ††
- Felipa Pérez india ††
- María López mestiza solt. ††
- Ana López mestiza solt. ††

Casa de Tomasa de Espinoza
- Tomasa de Espinoza mestiza viuda ††
- María de Mendoza mestiza solt. ††
- Nicolás de Espinoza mestizo solt. ††

Casa de Antonia de Villegas
- Antonia de Villegas mestiza viuda ††
- Juan de Santiago mestizo casado ††
- Francisca Ahumado mestiza ††
- Juan de Rojo mestizo de 11 años †
- Antonio Pérez mestizo casado ††
- Antonia Vásquez mestiza ††
- Sebastián Vásquez mestizo casado ††
- Teodora Pérez mestiza ††
- Petrona Pérez mestiza solt. ††
- María mestiza de 10 años †
- Sebastián Vásquez mestiza solt. ††
- Juan Delgado mestizo casado ††
- Catalina de la Cruz mestiza ††
- Juan García mestizo solt. ††
- Martín Vásquez mestizo solt. ††
- Nicolás mestizo de 10 años †
- Pedro mestizo de 10 años †
- Juan mestizo de 9 años †

Casa de Nicolás Vásquez
- Nicolás Vásquez morisco libre casado ††
- María Rodríguez ††
- Juan de Santiago indio solt. ††
- José indio de 12 años
- Juan de 10 años †

Casa de Juan Francisca
- Juana Francisca mestiza solt. ††
- Juan de Ávalos mestizo casado ††
- Antonia Ortiz mestiza ††
- Juana de la Cruz india solt. ††
- Lorenza Ortiz mestiza solt. ††
- María de Orozco mestiza solt. ††
- Gabriel indio solt. ††
- Casa de Gerónimo Flores
- Gerónimo Flores indio casado ††
- Juan Gómez india ††
- Matía Valadés mestiza solt. ††
- Feliciana Flores india ††
- Hernando de Ortega mestizo solt. ††
- Dionisia Flores india ††
- Domingo Flores mestizo solt. ††
- Manuel de Villegas mestizo solt. ††
- Ana Gómez india solt. ††
- Juan de Villegas mestizo solt. ††
- Hernando de Villegas mestizo solt. ††
- Santiago Gutiérrez mestizo solt. ††
- Nicolás de Cervantes mestizo solt. ††
- Francisca de Ledesma india solt. ††

Casa de Petrona de Ledesma
- Petrona de Ledesma mulata libre soltera ††
- José de Araujo mestizo solt. ††
- Manuel de Araujo mestizo solt. ††
- Casa de Domingo de Espinoza
- Domingo de Espinoza mestizo casado ††
- María de Fausto mestiza ††
- Domingo de Espinoza mestizo solt. ††
- Tomás de Espinoza mestizo solt. ††
- Domingo de Espinoza mestizo casado ††
- Juan María mestiza ††
- Nicolás de Espinoza mestizo casado ††
- Angelina García mestiza ††
- Andrés de Espinoza mestizo casado ††
- Jacinta de Acosta mestiza ††
- Sebastián de Silva mestizo casado ††
- Pascuala mestiza ††
- Juana mestiza de 11 años †
- Nicolás mestizo de 12 años †
- Pascual mestizo de 10 años †
- Juan indio de 12 años †
- Casa de María de Saavedra
- María de Saavedra mestiza solt. ††
- Ana Tavera mestiza solt. ††
- José Nagas mestizo solt. ††
- Antonio Nagas mestizo solt. ††
- Juan Alonso mulato libre solt. ††
  Casa de Bernabé Alonso
- Bernabé Alonso mestizo casado ††
- Josefa Gómez mestiza ††
- Juana María india solt. ††
- Magdalena mestiza de 10 años †
- Felipe muchacho de 9 años †

- Juan Ruiz indio casado ††
- Beatriz Yáñez mestiza ††
- Francisca Ruiz mestiza solt. ††
- María de los Reyes mestiza solt. ††

Casa de Matías López
- Matías López mestizo casado ††
- Catalina Ortiz mestiza ††
- Nicolás mestizo de 9 años †
- Micaela mestiza de 8 años †
- Francisco Melchor indio casado ††
- Isabel Martina india ††
- Miguel Jacobo indio casado ††
- María de Mendoza india ††
- Petrona india de 8 años †

Hacienda de Santa Teresa de Nicolás Moreno
- Nicolás Moreno de Ortega español casado ††
- María de Hermosillo española ††
- José de Zermeño español casado ††

- Nicolasa Moreno española ✝✝
- Josefa de Villegas español solt. ✝✝
- Miguel Moreno español solt. ✝✝
- Nicolás de Quezada español casado ✝✝
- Juan de Arellanes ✝✝
- María Gutiérrez española ✝✝
- Antonio de Quezada español solt. ✝✝
- Juan González de 10 años ✝
- Alonso Moreno español solt. ✝✝
- Diego indio casado ✝✝
- Juana Petrona india ✝✝
- María Magdalena india solt. ✝✝
- Melchor indio solt. ✝✝
- Inés María india solt. ✝✝
- Petrona india de 11 años ✝✝
- Juana india solt. ✝✝
- Francisca india solt. ✝✝
- Hernando indio solt. ✝✝
- María india solt. ✝✝
- Francisca india solt. ✝✝
- Catalina mulata esclava solt. ✝✝
- Manuel mulato esclavo solt. ✝✝
- Ignacio indio de 10 años ✝
- Nicolás Ramírez mestizo casado ✝✝
- María india ✝✝
- Sebastián mestizo solt. ✝✝
- Lorenzo Hernández mestizo casado ✝✝
- María Méndez ✝✝
- Gabriel mestizo solt. ✝✝
- Matías indio de 10 años ✝
- Juana india de 9 años ✝
- Hacienda de José González de Rubalcaba
- José González español casado ✝✝
- Ana Varela ✝✝
- Gonzalo Gallardo español casado ✝✝
- Úrsula González ✝✝
- Sebastián González español solt. ✝✝
- José González español solt. ✝✝
- Fulgencio González español solt. ✝✝
- Pedro González español solt. ✝✝
- María González española solt. ✝✝
- Juan González español solt. ✝✝
- Melchor González español solt. ✝✝
- Nicolás Manrique español solt. ✝✝
- Onofre Martín español solt. ✝✝
- Estefanía Gallardo española solt. ✝✝
- Francisco indio casado ✝✝
- Ana María india ✝✝
- Onofre mestizo solt. ✝✝
- Luis indio casado ✝✝
- Juliana Teresa india ✝✝
- Martín indio casado ✝✝
- María india ✝✝
- Bartolomé indio casado ✝✝
- Francisca Juana india ✝✝
- Marcos indio casado ✝✝
- Ana María india ✝✝
- Antonio indio casado ✝✝
- María india ✝✝
- Lorenzo indio casado ✝✝
- Petrona india ✝
- Pedro indio casado ✝✝
- Lorenza india ✝✝
- Gabriel indio casado ✝✝
- Cecilia india ✝✝
- Pedro Sánchez mestizo casado ✝✝
- Juliana Flores ✝✝
- Margarita mulata esclava solt. ✝✝
- Lucas mulato esclavo solt. ✝✝
- José indio solt. ✝✝
- Isabel María india solt. ✝✝
- Antonia india de 11 años ✝
- Sebastián indio de 8 años ✝
- Felipe de 9 años ✝
- Antonio indio de 10 años ✝
- Juana india de 9 años ✝

Hacienda de Fulgencio González de Rubalcaba

- Fulgencio González de Rubalcaba español casado ✝✝
- María de Laris ✝✝
- María González española solt. ✝✝
- Juan González española solt. ✝✝
- Luisa González española 10 años ✝✝
- Isidro González español de 9 años
- María mulata esclava solt. ✝✝
- Juan mulato esclavo solt. ✝✝
- Lucas González mestizo solt. ✝✝
- Santiago González mestizo solt. ✝✝
- Nicolás mulato esclavo casado ✝✝

- Catalina india ✝✝
- María mulata esclava solt. ✝✝
- Nicolás indio de 10 años ✝
- Magdalena mulata esclava de 11 años
- Alonso mulato libre casado ✝✝
- María india ✝✝
- Diego indio casado ✝✝
- Isabel María india ✝✝
- María de 12 años ✝
- Francisco de la Cruz indio casado ✝✝
- Juana María india ✝✝
- Cristina india de 11 años ✝
- Bernabé indio de 10 años ✝
- Francisca india de 10 años ✝

Hacienda de Santa Cruz de Moya de don Francisco Gallardo

- Don Francisco Gallardo español casado ✝✝
- Doña Catalina de Guzmán ✝✝
- Don Juan Antonio español solt. ✝✝
- Doña Margarita de Guzmán española soltera ✝✝
- Doña Antonia de Guzmán española soltera ✝✝
- Doña Teresa de Rodas española soltera ✝✝
- Don Ignacio Gallardo español soltero ✝✝
- Juan Gallardo español solt. ✝✝
- Santiago Gallardo español solt. ✝✝
- Alonso negro libre casado ✝✝
- María mulata libre ✝✝
- Francisca negra esclava solt. ✝✝
- Teresa mulata solt. ✝✝
- Nicolasa mulata esclava solt. ✝✝
- Josefa negra esclava solt. ✝✝
- María Manrique india solt. ✝✝
- Tomás indio solt. ✝✝
- María mestiza solt. ✝✝
- Bernabé mulato esclavo solt. ✝✝
- Melchor de los Reyes indio solt. ✝✝
- Luis chino ✝✝
- Nicolás mulato solt. ✝✝
- Alonso negro esclavo solt. ✝✝
- Francisco indio solt. ✝✝

- Luis García indio casado ✝✝
- Catalina Marta india ✝✝
- María de Ornelas mestiza solt. ✝✝
- Bartolomé Hernández indio casado ✝✝
- Feliciana de Contreras india ✝✝
  Felia india de 10 años
- Nicolás Martín indio casado ✝✝
- María Magdalena india ✝✝
- Lorenza Hernández india solt. ✝✝
- Micaela india de 12 años ✝
- Juan indio de 11 años ✝
- Juan Hernández indio casado ✝✝
  Juana María india ✝✝
- Miguel Hernández indio casado ✝✝
- Juana Isabel india ✝✝
- Francisco Melchor indio solt. ✝✝
- Francisco Hernández indio casado ✝✝
- Pascuala Hernández ✝✝
- Antonio indio de 10 años ✝
- Juana india de 11 años ✝
- María de la Cruz india solt. ✝✝
- Ana india de 10 años ✝
- Pedro indio de 9 años ✝
- Salvador indio de 8 años ✝
- Diego Felipe indio casado ✝✝
- Teresa india ✝✝
- María Magdalena india ✝
- Teresa López india solt. ✝✝
- Blas Hernández indio solt. ✝✝
- Juan Terrones indio solt. ✝✝
- Diego indio de 11 años ✝✝
- Rita india de 10 años ✝
- Lucias india de 9 años ✝
- Pedro Martín indio solt. ✝✝
- Mariana López india solt. ✝✝
- Juan de la Cruz india solt. ✝✝
- Dominga india de 11 años
- Juan Diego indio de 10 años ✝
- María india de 9 años ✝
- Juan de Santiago indio casado ✝✝
- Simona de Chaves india ✝✝
- Juana india de 8 años ✝
- Catalina india de 9 años ✝
- Diego Felipe indio casado ✝✝
- Inés Catalina india ✝✝

- Juan Pascual indio de 12 años
- Francisca de 10 años †
- Diego indio de 10 años †
- Bartolomé indio de 9 años †
- Alonso Hernández indio casado ††
- Inés María india ††
- Elena india 10 años
- Anastasia india solt. ††
- Sebastiana india solt. ††
- Ana María india solt. ††
- Juan de la Cruz indio solt. ††
- Simón indio de 10 años †
- Pedro de la Rua mulato libre casado ††
- Luisa Hernández mulata libre ††
- Juan mulato libre de 8 años
- Ignacio Rosales indio casado ††
- Teresa de la Cruz india solt. ††
- María Magdalena india solt. ††
- Blas Hernández indio solt. ††
- Diego indio de 11 años †
- María de 10 años †
- Lucía india de 9 años †

- Felipe Martín indio casado ††
- Catalina Hernández ††
- Diego indio de 10 años †
- José indio de 11 años †
- María india de 7 años †
- Baltazar indio de 10 años †
- Bartolomé de la Cruz indio casado ††
- Melchora de los Reyes india ††
- Bernardino de la Cruz indio solt. ††
- Santiago indio de 12 años †
- Nicolás indio de 10 años †
- María Magdalena india de 9 años †
- Miguel indio casado ††
- Cecilia india ††
- Cristóbal Hernández indio casado ††
- Clara de la Rosa india ††
- Tomás indio de 11 años †
- Juan muchacho de 10 años †
- Antonio indio de 9 años †

Rancho de Bartolomé de Mezquita

- Bartolomé de Mezquita casado ††
- Lucía de Torres española ††
  Polonia de Torres española solt. ††
- Josefa de Mezquita española solt. ††
- Bartolomé de Mezquita casado ††
- Catalina de Espinoza ††
- Tomás de Mezquita español casado ††
- Teresa Márquez ††
- Gertrudis de Mezquita solt. ††
- José de Mezquita solt. ††
- Gerónimo Márquez solt.
- Gregorio de Torres casado ††
- Beatriz Hernández ††
- Nicolás de Torres mestizo casado ††
- Micaela ††
- Tomasa mestiza de 10 años †
- Cristóbal mestizo de 12 años †
- Ignacio de Mezquita viudo ††
- María de Mezquita solt. ††
- Nicolasa de Mezquita solt. ††
- Ignacio de Mezquita solt. ††
- Santiago de Mezquita solt. ††

- Matías Jiménez mestizo casado ††
- Bárbula Díaz ††
- Nicolás indio solt. ††
- Marcos indio casado ††
- Ana María india ††
- Petrona de 11 años †

Hacienda de la Cruz del Licenciado Maros Díaz

- Onofre Sánchez español casado ††
- María de Rojas ††
- Juana de Rojas española solt. ††
- Magdalena india solt. ††
- Ana de Rodas mulata libre solt. ††
- María Ana mulata esclava solt. ††
- Francisco indio casado ††
- Juana india ††
- Juan indio casado ††
- Pascuala india ††
- Nicolás indio solt. ††
- Lucas indio de 10 años †
- Diego indio de 12 años †
- Alonso indio casado ††
- Juana india ††
- Marcos indio casado ††

- Isabel María india ††
- Pedro indio casado ††
- Francisca india ††
  Juan Melchor indio casado ††
- Melchora india ††
- Nicolás indio casado ††
- Francisca india ††
- Lucas mulato libre casado
- Magdalena india ††
- María mulata esclava solt. ††
- Miguel indio casado ††
- Isabel india ††
- Diego indio casado ††
- Verónica india ††
- Nicolás indio casado ††
- Josefa india ††
- Antonio indio viudo ††
- Tomás indio casado ††
- Tomasa india ††
- Lázaro indio casado ††
- Juana india ††
- Pedro indio casado ††
- Isabel india ††
- Miguel indio casado ††
- Petrona india ††
- Ana india viuda ††
- Nicolás indio casado ††
- Juana india ††
- Juan indio casado ††
- Catalina india ††
- Juan indio de 12 años †
- Nicolasa india de 10 años †
- Sebastián indio de 9 años †
- Lucas indio de 8 años †
- María india de 10 años †
- Lorenza india de 7 años †
- Diego indio de 11 años †

Rancho de Donato López de Lara
- Donato López español casado
- Doña Antonia Méndez
- Elvira López española solt. ††
- Isabel de Ávalos española solt. ††
- Andrés López español solt. ††
- Diego López español solt. ††
- Casimiro López español solt. ††
- José Hernández mulato esc. casado ††
- Felipa mulata ††
- Gerónimo de Arroyo negro esc. solt. ††
- Diego indio de 10 años †

Rancho de Francisco López
- Francisco López mestizo solt. ††
- Andrés López mestizo solt. ††
- Nicolás Alonso mestizo casado ††
- María Álvarez mulata libre ††
- Melchora de los Reyes mulata libre solt. ††

Rancho del Saucillo
- Francisco Velasco viudo ††
- Francisco Macías español casado ††
- Jacinta Solano
- Bartolomé Díaz Infante español casado ††
- María Solano ††
- Manuel Solano español solt. ††
- Diego Díaz Infante español viudo ††
- Andrés Solano español solt. ††
- Inés López española solt. ††
- Bernardina López india solt. ††
- Gertrudis de Rodas mestiza solt. ††
- Matías mulato esclavo solt. ††
- Ignacio indio solt. ††
- María india de 10 años †
- Diego de 11 años †

Rancho del Potrerillo
- María de la Cerda española viuda ††
- Antonia de Cerda española viuda ††
- Blas de la Cerda español solt. ††
- Ignacio Báez español solt. ††
- Juan de Mendoza español casado ††
- María Ramos ††
- Melchora de los Reyes ††
- Ana Rodríguez solt. ††
- Sebastiana Ruiz
- Domingo de Bonilla solt. ††
- Juan indio de 10 años †
- Sebastián indio de 11 años †

Rancho de Castelongo
- Francisco de Isasi español casado ††
- Nicolasa Báez ††
- Diego Hernández indio casado ††
- Angelina de la Cruz ††
- Teresa Rodríguez india solt. ††
- Felipe de la Cruz indio solt. ††
- Juan indio de 10 años †
- Nicolás Hernández indio 11 años †
- Hacienda de Jaramillo
- Antonio de Villegas español casado ††
- Doña Ana de Ávalos ††
- Josefa de Villegas española de 10 años
- Pedro español de 9 años †
- Juan Francisco mulato casado ††
- María india ††
- María india solt. ††
- Aldonza mulata esclava ††
- Ignacio Martín español solt. ††
- Baltazar mulato esclavo casado ††
- María Ana india ††
- María mulata esclava ††
- Luisa mulata libre solt. ††
- Bárbula negra esclava solt. ††
- Juana mulata esclava ††
- Magdalena mulata libre solt. ††
- Urbano indio casado ††
- María india ††
- Santiago indio de 10 años †
- Francisco indio de 9 años †
- María india de 10 años †
- Felipe indio de 11 años †
- Antonio indio de 12 años †

Rancho de Diego Díaz
- Diego Díaz solt. ††
- María Infante española ††
- Ana de Espinoza española solt. ††
- Juan Infante español casado ††
- Luisa de Torres ††
- Gaspar de los Reyes indio casado ††
- Polonia Anda india ††
- Lorenzo Martín indio casado ††
- Juana María india
- Juan Felipe indio solt. ††
- José Ortiz indio de 12 años ††
- Agustín Ramírez indio casado ††
- María Magdalena india ††
- Sebastián Ramírez indio solt. ††

Hacienda de San Cristóbal de Diego Gómez Portugal
- Diego Gómez Portugal español casado ††
- Josefa Lozano ††
- Nicolás Gómez español casado ††
- Josefa de Pedroza ††
- Jacinto Gómez solt. ††
- Águeda Gómez solt. ††
- Gerónimo mestizo solt. ††
- Felipe Diego mestizo solt. ††
- Catalina Ramírez solt. ††
- Nicolás de los Reyes indio solt. ††
- Francisco Ruiz indio solt. ††
- Francisco Mejía indio casado ††
- Luisa Teresa india ††
- Juan Salvador indio solt. ††
- Felipe Pascual indio solt. ††
- José Juan indio casado ††
- Josefa de Nava india ††
- Juan López indio casado ††
- Francisca india ††
- Lázaro Ortiz indio de 11 años †
- Pascuala Cristina india solt. ††
- María Magdalena india solt. ††
- Pedro Sebastián indio casado ††
- María Hernández india ††
- Nicolás Gómez indio casado ††
- Isabel Josefa india ††
- Juan Francisco indio casado ††
- Teresa india ††
- Gaspar de Torres indio casado ††
- Magdalena María india ††
- Juan Hernández indio casado ††
- Ana María india ††
- María Inés india solt. ††
- María india solt. ††
- Pedro Tomás indio casado ††
- María de la Cruz india ††
- Sebastián Pedro indio casado ††
- Beatriz india ††

- Domingo Luis indio casado ††
- Ana María india ††
- María de la Cruz india solt. ††
- Miguel Burenda indio casado ††
- Catalina india ††
  Domingo Santiago indio solt. ††
- Santiago Sebastián indio solt. ††
- Francisco Pérez indio casado ††
- Andrea María india ††
- Juan indio de 11 años †
- Nicolás Domínguez indio casado ††
- Isabel india ††
- María Hernández india solt. ††
- Nicolás Ortiz indio solt. ††
- Juana de León india ††
- Felipa de la Cruz india solt. ††
- María de la O india de 12 años †
- Juan Ortiz indio casado ††
- Francisca india ††
- Pedro indio de 10 años †
- Lorenzo indio de 11 años †
- Lucas indio de 10 años †
- Felipe indio de 12 años †
- Sebastián indio de 10 años †
- Ana india de 10 años †
- María india de 9 años
- Josefa india de 10 años †
- Nicolás de Pedroza de 11 años †
- Petrona mulata esclava solt. ††
- Pascual indio casado ††
- María india ††
- Cristina india de 12 años †
- Miguel indio casado ††
- Magdalena india ††
- Nicolás de Torres mulato libre casado ††
- Isabel Martínez mulata libre

Rancho de Doña Beatriz de Trejo

- Doña Beatriz de Trejo española viuda ††
- Margarita de Portugal española solt. ††
- Juan Gómez mestiza solt. ††
- María mulata esclava solt. ††
- Francisca mulata esclava solt. ††
- Juan Delgado mestizo solt. ††
- Nicolás Sánchez mestizo solt. ††
- José mulato esclavo solt. ††
- Francisco mulato esclavo solt. ††
- María mulata esclava solt. ††
- Juan indio de 10 años †
- Francisca india de 9 años †

Hacienda de Nicolás Muñoz de Jerez

- Nicolás Muñoz de Jerez español viudo ††
- Rodrigo Muñoz de Jerez español viudo ††
- Miguel Muñoz español solt. ††
- Juan Muñoz español de 12 años †
- Leonor de Jerez española 10 años †
- Manuel de Jerez español de 9 años †
- María de la Cruz india solt. ††
- Magdalena mulata esclava solt. ††
- Simón de la Cruz indio casado ††
- Margarita india ††
- María de Campos india solt. ††
- Josefa de Campos india solt. ††
- José Núñez mulato esclavo casado ††
- Angelina india ††
- José de Santiago indio casado ††
- Mariana de la Cruz india ††
- Andrés Núñez mulato libre casado ††
- Josefa Ramírez ††
- Tomás Núñez mulato libre casado ††
- María Hernández ††
- Juan Serdán indio casado ††
- María Vásquez india ††
- Nicolás Serseto mestizo casado ††
- María Núñez ††
- Marcela de la Cruz india solt. ††
- Mateo indio casado ††
- Pascuala María ††
- José Barreta indio casado ††
- María Magdalena ††
- Francisco Núñez indio solt. ††
- Juan Cuarenta indio solt. ††
- Jacinto Martín indio casado ††
- María Magdalena ††
- Cristóbal José indio casado ††
- Josefa india ††
- Sebastián de Loya mulato solt. ††

- Pascual de la Cruz indio solt. ††
- Juan indio de 10 años †
- Domingo indio 11 años †
- Francisco indio de 10 años †
- Pascual indio de 9 años †
- Sebastián Vásquez indio casado ††
- Magdalena Alona india ††
- Juan Cristóbal indio casado ††
- Angelina india ††
- Francisco Hernández indio solt. ††
- Blas Navarro indio casado ††
- Matiana ††
- Elena de Torres india solt. ††
- Juliana india de 12 años †
- Alfonso indio de 10 años †
- Sebastián Pedro indio solt. ††

Rancho de Indios de la Labor de Sabinda

- Juan Nicolás indio casado ††
- Luisa Magdalena india ††
- Lázaro Diego indio casado ††
- Pascuala de la Cruz india ††
- Nicolás Juan indio solt. ††
- Juan de Torres indio casado ††
- Ana María india ††
- Gaspar Suarez indio casado ††
- Nicolasa María india ††
- Nicolás Lorenzo indio casado ††
- Juana González india ††
- Miguel Martín indio casado ††
- Juana india ††
- Diego Martín indio casado ††
- Juana Isabel india ††
- Juan Ramírez indio casado ††
- Magdalena María india ††
- Diego Felipe indio casado ††
- María india ††
- Tomasa india de 11 años †
- Francisco indio de 11 años †
- Lorenzo indio de 10 años †
- Melchor Ramírez indio solt. ††
- Nicolás Juan indio casado ††
- Ana india ††
- Juana de la Cruz india solt. ††
- Magdalena india de 8 años †
- José indio de 9 años †
- Luis indio de 11 años
- Pedro Domingo indio de 12 años †
- Juan Diego indio de 10 años †
- Ana india de 9 años †

Rancho de Jacinta Valadés

- Jacinta Valadés mulata solt. ††
- José de Saavedra mulato libre solt. ††
- Casilda Valadés morisca libre casada ††
- Pascual de la Cruz mulato libre solt. ††
- Lázaro de Contreras mulato libre solt. ††
- Nicolasa mulata libre de 10 años †
- Manuel mulato libre de 11 años †
- Matiana mulata libre de 10 años †

Rancho de Gabriel Salazar

- Gabriel de Salazar mulato libre casado ††
- María Ana Hernández mulata libre ††
- José de Salazar mulato libre solt. ††
- Sebastiana Rodríguez mulata libre solt. ††
- Nicolás Gómez mulato libre casado ††
- María de Rojas mulata libre ††
- Alonso Valadés mulato libre casado ††
- Gertrudis de Salazar mulata libre ††
- Catalina Barajas mulata libre solt. ††
- Luis López mulato libre solt. ††
- Juan Fernández mulato libre solt. ††
- Alejo Barajas mulato libre solt. ††
- Juan Barajas mulato libre solt. ††
- María de Salazar mulata libre solt. ††
- Jacinto de Salazar mulato libre solt. ††
- José mulato libre de 11 años †
- Feliciano mulato libre de 10 años ††
- María mulata libre de 9 años †

Hacienda de Matanzas de José Gómez de Portugal

- José Gómez de Portugal español viudo ††
- Inés Gómez mestiza solt. ††
- Manuel Gómez mestizo solt. ††

- Francisca María india solt. ✝✝
- Magdalena María india solt. ✝✝
- Nicolás Gómez mulato libre solt. ✝✝
- Juan de la Cruz indio de 11 años ✝
- Antonio indio de 10 años ✝
- Esteban mulato libre de 10 años ✝
- Sebastián Vásquez mulato libre solt. ✝✝
- María india ✝✝

Rancho de la Cieneguilla de Jácome Carlín

- Jácome Carlín español casado ✝✝
- Antonia Ortiz ✝✝
- Atanasio Hernández solt. ✝✝
- Juan Hernández mulato libre solt. ✝✝
- Domingo Hernández solt. ✝✝
- María negra esclava solt. ✝✝
- Juan de los Santos mulato libre solt. ✝✝
- María Terrones india solt. ✝✝
- María Hernández india solt. ✝✝
- Pascuala María india solt. ✝✝
- Lucas de la Cruz mulato libre solt. ✝✝
- José Hernández mulato libre solt. ✝✝
- Pascual de Santiago indio solt. ✝✝
- María india solt. ✝✝
- Juan india solt. ✝✝
- Miguel Hernández indio solt. ✝✝
- Miguel indio solt. ✝✝
- Juana Francisca india solt. ✝✝
- Magdalena de la Cruz mulata libre solt. ✝✝
- Cristóbal Martín indio solt. ✝✝
- Nicolás indio de 11 años ✝
- Bernabé indio de 9 años ✝
- Catalina india de 10 años ✝
- Gabriel indio de 9 años ✝
- Esteban Martín indio casado ✝✝
- Antonia india ✝✝
- Andrés Martín indio casado ✝✝
- Petrona india ✝✝
- Martín Pérez indio casado ✝✝
- Juana india ✝✝
- Diego Hernández indio casado ✝✝
- Juana india ✝✝
- Graciana india de 10 años ✝
- Felipe indio de 12 años ✝
- Marcos indio de 10 años ✝
- Juliana india de 10 años ✝
- Sebastián indio de 8 años ✝

Rancho de Juan Rodríguez

- Juan Rodríguez español casado ✝✝
- María Ana Medina española ✝✝
- María Rodríguez española solt. ✝✝
- Florencia de Medina española solt. ✝✝
- Pedro mulato libre solt. ✝✝

Labor de Alonso Guerra Valadés

- Alonso Guerra Valadés español casado ✝✝
- Inés Prieto ✝✝
- Alonso Guerra español solt. ✝✝
- María Gallardo española solt. ✝✝
- Diego Gallardo español solt. ✝✝
- Francisco Guerra español 10 años ✝
- Josefa negra esclava solt. ✝✝
- Dominga negra esclava solt. ✝✝
- Domingo negro esclavo solt. ✝✝
- Nicolás negro esclavo solt. ✝✝
- Juan indio casado ✝✝
- María Ana india ✝✝
- Juan de la Cruz indio casado ✝✝
- Isabel india ✝✝
- Martín indio de 12 años ✝
- Juan Sánchez indio solt. ✝✝
- Nicolás indio casado ✝✝
- María india ✝✝
- Juan Martín indio casado ✝✝
- Juana india ✝✝
- Francisco indio de 11 años ✝
- Cristóbal indio casado ✝✝
- Ana María ✝✝
- Diego indio casado ✝✝
- Francisca india ✝✝
- Felipe indio casado ✝✝
- Catalina india ✝✝
- Lucas indio casado ✝✝
- Juliana india ✝✝
- Esteban Ramírez mestizo casado ✝✝
- María López mestiza ✝✝

- Juan negro esclavo de 10 años †
- Andrés mulato libre de 9 años
- Antonia negra esclava de 10 años
- Alonso indio de 11 años †
- Francisca india de 9 años †
- Pedro indio de 10 años †
- Sebastiana india de 10 años †
- Lorenzo indio de 11 años

Labor de Nicolás Valadés

- Nicolás Valadés español casado ††
- Teresa Guerra española ††
- María negra esclava solt. ††
- María Ana india casada ††
- Antonio indio ††
- Juan mulato esclavo solt. ††
- Catalina india de 10 años †
- Lucas indio de 11 años †

Labor de Marcos de Pedroza

- Marcos de Pedroza español viudo ††
- Juan de Alba español solt. ††
- Catalina de Pedroza española solt. ††
- Marcos de Pedroza español solt. ††
- Mateo de Pedroza español solt. ††
- Juan negro esclavo solt. ††
- Nicolasa india solt. ††
- María india solt. ††
- Magdalena de Pedroza mestiza solt. ††
- Ana de Pedroza mestiza solt. ††
- José mulato esclavo solt. ††
- Juan Vásquez indio casado ††
- María Ana ††
- Miguel indio casado ††
- Inés india ††
- Nicolás indio casado ††
- Teresa india ††
- Juan india solt. ††
- Micaela india solt. ††
- Pedro de Chávez indio solt. ††
- José indio de 10 años †
- Bernardo indio de 11 años †
- Prudente indio de 12 años †

Labor de Nicolás de Pedroza

- Nicolás de Pedroza español casado ††
- Mariana de Anda ††
- María de Pedroza española solt. ††
- Antonio de Pedroza español solt. ††
- Micaela de Pedroza española solt. ††
- Santiago de Pedroza español solt. ††
- Fabiana de Pedroza española solt. ††
- Pedro Matías mestizo casado ††
- María Gutiérrez mestiza ††
- Ana Gutiérrez mestiza de 11 años ††

Labor de Domingo Landeros

- Domingo Landeros español casado ††
- Doña Ana de Portugal ††
- Magdalena Landero mestiza solt. ††
- Antonio mulato esclavo casado ††
- Juana india ††
- Francisca mulata esclava solt. ††
- Felipe indio de 11 años †
- Juliana mulata esclava solt. ††
- Diego pobre indio solt. ††
- Juan Domínguez mestizo casado ††
- Beatriz ††
- Francisco de la Cruz indio casado ††
- Angelina india ††
- Salvador mestizo casado ††
- María ††
- Felipe mestizo solt. ††
- Miguel Martín indio casado ††
- Juana india ††
- José de la Cruz indio casado ††
- María Ana india ††
- Lucas indio solt. ††
- Miguel Martín indio casado ††
- Juana Gómez india ††
- Tomás indio de 10 años †
- Felipa india de 10 años †
- Petrona india de 9 años †
- Marcos indio de 11 años †

Rancho de Leonor de Rubalcaba

- Leonor de Rubalcaba española viuda ††
- Inés de Rubalcaba española solt. ††

- Juan Guerrero española ✝✝
- Sebastián Pérez indio solt. ✝✝
- Juan Pérez español solt. ✝✝
- Magdalena de la Cruz india solt. ✝✝
- Tomás de la Cruz indio de 10 años ✝

Rancho de Diego Jiménez
- Diego Jiménez mestizo casado ✝✝
- María de los Reyes ✝✝
- Juan Jiménez mestizo solt. ✝✝
- Diego Jiménez solt. ✝✝
- María Jiménez mestiza solt. ✝✝
- Luisa Ruiz mestiza solt. ✝✝
- Antonio López de Medina mestizo casado ✝✝
- Leonor Jiménez ✝✝
- Lorenza Hernández mestiza solt. ✝✝
- Catalina Jiménez mestiza solt. ✝✝
- Pascuala de los Reyes mestiza solt. ✝✝
- Leonor de Chávez mestiza solt. ✝✝
- María de Chávez mestiza solt. ✝✝
- José de los Reyes mestizo casado ✝✝
- Isabel de Rojas mestiza ✝✝
- María Ortiz mestiza solt. ✝✝
- José mestizo de 10 años ✝
- Isidora de Anda mestiza de 9 años

Rancho de los Guerreros
- Francisco Guerrero español casado ✝✝
- Ana de Chávez ✝✝
- Nicolás de Ortega español casado ✝✝
- María Vásquez española ✝✝
- Gabriel Gallegos español casado ✝✝
- Juliana Díaz ✝✝
- José indio casado ✝✝
- Ana María india ✝✝
- María india de 10 años ✝

Labor de Teresa de Anda
- Teresa de Anda viuda
- Martín Vásquez español solt. ✝✝
- Domingo Vásquez español solt. ✝✝
- Antonio Vásquez español solt. ✝✝
- Leonor de Rojas española solt. ✝✝
- Juan Francisco indio casado ✝✝
- María de la Cruz india ✝✝
- Juan india solt. ✝✝
- Juan Vásquez mulato esclavo solt. ✝✝
- Juan Pablo mulato esclavo solt. ✝✝
- Francisca india de 11 años ✝
- Nicolás de Espinoza mestizo casado ✝✝
- Angelina García mestiza ✝✝
- Donatoba Vásquez mestiza solt. ✝✝
- Gerónimo Vásquez mestizo solt. ✝✝
- Juan Vásquez mestizo solt. ✝✝
- José indio de 12 años ✝
- Nicolás indio de 10 años ✝
- Juan Zermeño mestizo casado ✝✝
- María de Ornelas ✝✝
- Lorenzo Zermeño mestizo casado ✝✝
- Juan de Villegas ✝✝
- Martín mulato esclavo solt. ✝✝
- José Magdaleno indio solt. ✝✝
- Juana india de 9 años ✝
- Pedro indio de 10 años

Rancho de Vicente Hernández
- Vicente Hernández español casado ✝✝
- Antonia Rodríguez ✝✝
- Juan Gutiérrez mestiza solt. ✝✝
- Pascual mestizo de 10 años ✝
- Nicolás de Páez mulato libre casado ✝✝
- María Gutiérrez ✝✝
- Melchora mestiza de 10 ✝

Labor de San Nicolás de Doña Catalina de Vidaurre
- Doña Catalina de Vidaurre española viuda ✝✝
- Doña Nicolasa de Anda ✝✝
- Don Juan Isidoro de Anda español solt. ✝✝
- Don Pedro de Anda español solt. ✝✝
- Don Esteban de Anda español solt. ✝✝
- Lorenzo mulato esclavo libre casado ✝✝
- Teresa mulata libre ✝✝
- Catalina negra esclava viuda ✝✝
- Teresa mulata libre solt. ✝✝
- Antonio negro libre solt. ✝✝
- Nicolás negro libre solt. ✝✝
- Luisa mulata esclava solt. ✝✝
- Angelina mulata esclava solt. ✝✝

- Ana mulata esclava solt. ††
- Nicolás mulato esclavo solt. ††
- Pedro indio casado ††
- María india ††
- Baltazar indio casado ††
- María india ††
- Baltazar indio casado ††
- María Magdalena ††
- Miguel indio de 11 años †
- Bartolomé mulato libre casado ††
- Isabel india ††
- María de la Cruz india solt. ††
- Pedro indio de 10 años †

Labor de San Juan de Doña Catalina de Vidaurre

- Diego Hernández indio solt. ††
- Pedro Jacobo indio solt. ††
- Catalina de la Cruz indio solt. ††
- Diego de Torres indio casado ††
- Teresa Gertrudis india ††
- Juana Catalina india solt. ††
- Lázaro indio de 10 años †
- Luisa de la Cruz india solt. ††
- José indio de 10 años †
- Alonso indio de 10 años †
- Lorenzo indio de 11 años †
- Inés india de 9 años †
- Josefa india 8 años †

Labor de Don Carlos de Alcalá

- Don Carlos de Alcalá español casado ††
- Doña Ana García ††
- Lucas de Alcalá español solt. ††
- Cristóbal de Alcalá español solt. ††
- José de Alcalá español solt. ††
- Juana de Alcalá española solt. ††
- Sebastián mestizo casado ††
- Sebastiana de la Cruz ††
- Margarita de la Cruz mulata esclava solt. ††
- María mulata esclava solt. ††
- Lucas indio solt. ††
- José Zermeño mestizo casado ††
- María López ††
- Isabel López mestiza solt. ††
- Manuel indio de 10 años †
- María Pérez india solt. ††
- Lucas indio de 11 años †
- Sebastiana india de 10 años †

Rancho de Pedro Pérez

- Pedro Pérez mestizo casado ††
- Tomasa de Tapia mestiza ††
- María Pérez mestiza viuda ††
- Juana Pérez mestiza solt. ††
- Sebastiana Pérez mestiza solt. ††
- Juana de la Cruz mestiza solt. ††
- Josefa Pérez mestiza de 11 años ††
- Francisco Pérez mestizo de 10 años †
- Bartolomé de Tapia mestizo 9 años †

Rancho de Juan López

- Juan López mestizo casado ††
- Margarita de Sosa mestiza ††
- Nicolás Gutiérrez mestizo casado ††
- Bernardina Pérez ††
- Ana Pérez mestiza de 10 años †
- Andrés indio solt. ††

Rancho de Juan de Mendoza

- Juan de Mendoza español casado ††
- María de Agüero ††
- Luis de Mendoza español solt. ††
- María de Mendoza española solt. ††
- Antonio Rodríguez mestizo solt. ††
- Juan de Ser español solt. ††
- Martín indio casado ††
- María india ††
- Josefa mulata esclava solt. ††
- Catalina india solt. ††
- Esteban indio de 11 años †

Estancia de Pedro Veloso Sotomayor

- Pedro Veloso Sotomayor español casado ††
- Matiana Ortiz ††
- María de Mezquita viuda ††
- Gabriel Martínez español casado ††
- Isabel de Sosa ††
- Agustín Márquez español casado ††

- Antonia de Sosa ††
- Úrsula de Sosa española solt. ††
- Nicolás Veloso español solt. ††
- Antonio Rodríguez español solt. ††
- Marcos de Sosa español solt. ††
- Jacinto de Mezquita español solt. ††
- María de Salazar española solt. ††
- Pedro Hernández indio casado ††
- Agustina Ruiz india ††
- Juan Ruiz indio casado ††
- María Magdalena ††
- Nicolás de Sandoval indio casado ††
- Sebastiana Ruiz ††
- Juan Moreno indio casado ††
- Juana María india ††
- Felipe López indio casado ††
- María de la Cruz india ††
- Juan de Mendoza indio casado ††
- María Magdalena ††
- Diego Jimenez indio casado ††
- Nicolasa Ruiz india ††
- Juan de la Cruz indio casado ††
- María de Sosa india ††
- Juan Pascual indio casado ††
- Cecilia Luisa india ††
- Angelina de Torres mulata libre solt. ††
- Diego Alonso indio solt. ††
- José de Torres indio solt. ††
- Salvador Ramírez indio solt. ††
- Domingo de Salazar indio solt. ††
- Felipe de la Cruz indio solt. ††
- Teresa india de 11 años †
- María de la Cruz india solt. ††
- Teresa india de 10 años †
- Pedro indio de 10 años †
- José Martín indio solt. ††
- María india de 9 años

Rancho de Miguel de Sandoval

- Miguel de Sandoval
  español casado ††
- Isabel Núñez ††
- Ana Núñez española viuda ††
- María de Sandoval solt.
- Agustín Díaz mestizo solt. ††
- Nicolás Díaz mestizo casado ††
- Ana de Espinoza mestiza ††
- Nicolás Díaz mestizo casado ††
- Ana de Núñez mestiza ††
- Juan de la Cruz indio solt. ††
- Juan de Lara mestizo viudo ††
  Isabel de Lara mestiza solt. ††
- Bartolomé de Lara mestizo solt. ††
- María de Aguirre mestiza solt. ††
- Andrea de Vargas mestiza solt. ††
- Juan de Sandoval mestizo solt. ††
- María Hernández mulato libre solt. ††
- Teresa de Jesús india solt. ††
- Domingo Díaz mestizo solt. ††
- Tomás Díaz mestizo solt. ††
- Nicolás de Ordoñez mestizo solt. ††
- Antonio Hernández indio solt. ††
- Juan indio casado ††
- Pascuala india ††
- Juan indio de 12 años †
- Petrona india de 11 años †
- Isabel india viuda ††
- Andrés indio de 10 años †
- Cristóbal Sánchez indio casado ††
- Pascuala india ††
- Juan indio casado ††
- Pascuala india ††
- Pedro de la Torre indio solt. ††
- Mateo de Leyva indio casado ††
- Nicolasa de Mendoza india ††
- Agustín de Lara indio casado ††
- Ana de Silva india ††
- Agustina Díaz india solt. ††
- Ana Muñoz india ††
- María de la Cruz india solt. ††
- Isabel Núñez india solt. ††
- Juan de la Cruz mulato libre solt. ††
- Joaquín de Segovia indio solt. ††
- Pascual de Segovia indio solt. ††
- Juan Rodríguez mestizo solt. ††

Rancho de Pedro Ortiz de Anda

- Pedro Ortiz de Anda mestizo viudo ††
- Simón de Salas español casado ††
- Francisca de Ayala ††
- Francisco de Salas español casado ††
- Antonia Ortiz mestiza ††

- Gabriel Ortiz mestizo casado ††
- Josefa de Ortega ††
- Patricio Aquete español casado ††
- Nicolasa Ortiz ††
- María Aquete española solt. ††
- Casilda Aquete española solt. ††
- Cecilia Aquete española solt. ††
- María Aquete española solt. ††
- José de Loza mestizo solt. ††
- Margarita negra esclava solt. ††
- Ana Ramírez mulata libre solt. ††

Rancho de José Rodríguez

- José Rodríguez mulato viudo ††
- Juan de Aguirre mulato libre casado ††
- Catalina López ††
- María Rodríguez mulata libre solt. ††
- Aldonza Rodríguez mulata libre solt. ††
- Luisa Rodríguez mulata libre solt. ††
- Francisco Rodríguez mulato libre solt. ††
- José Rodríguez mulato libre solt. ††
- Nicolás López español solt. ††
- Andrés Rodríguez mulato libre solt. ††

Rancho de Nicolás Preciado

- Nicolás Preciado mestizo casado ††
- María de Tapia mulata libre ††
- Antonio Rodríguez mulato libre casado ††
- Felipa de la Cruz india ††
- Felipe mulato de 11 años †
- Nicolasa mulata de 10 años †

Rancho de Nicolás Esquita

- Nicolás Esquita mestizo casado ††
- Ana Muñoz mestiza ††
- Blas Ramírez mestizo casado ††
- Matiana de Anda ††
- Juan de Anda mestizo solt. ††
- Teresa de Anda mestizo solt. ††
- Cristóbal Muñoz mestizo solt. ††
- Lorenzo de Anda mestizo solt. ††
- Isabel Ortiz mestiza solt. ††
- Manuel mestizo de 10 años †
- Felipe Muñoz mestizo solt. ††
- Nicolás Ramírez mestizo casado ††
- Magdalena María ††
- Andrés Muñoz mestizo solt. ††

Rancho de Juan Gómez Ventura

- Juan Gómez mestizo viudo ††
- Gertrudis Gómez mestiza solt. ††
- Juan Gómez mestizo solt. ††
- Pedro Gómez mestizo solt. ††
- Andrés Gómez mestizo casado ††
- Juana de Hermosillo mestiza ††
- Simón Gómez mestizo solt. ††
- Felipe Gómez mestizo solt. ††
- Antonio Gómez mestizo solt. ††

Rancho de Antonio de Aguirre

- Antonio de Aguirre español casado ††
- Isabel Ortiz ††
- José de Aguirre solt. ††
- Antonio Ortiz solt. ††
- Juan de Aguirre español de 11 años †
- Mónica de la Cruz india viuda ††
- María Magdalena india solt. ††
- Juan de la Cruz indio casado ††
- Cristina Jiménez india ††
- Bernardino indio de 11 años ††
- Juan indio de 10 años †
- Antonia india de 9 años †

- Baltazar Alonso mestizo casado ††
- María de la Cruz de Lara india ††
- Juan Gómez mestizo casado ††
- Sebastiana Ramírez ††
- Nicolás Rodríguez indio solt. ††
- María india de 11 años †
- Isidora india de 11 años †
- José indio de 10 años †
- Juana india de 9 años †
- Baltazar mestizo de 10 años †
- Pedro Alonso indio casado ††
- Catalina Juan india ††

- Francisco Rodríguez mestizo casado ✝✝
- Melchora de los Reyes india ✝✝
- Blas de la Peña mestizo casado ✝✝
- Inés Ruiz ✝✝
- Juana india de 11 años ✝
- Isabel india de 10 años ✝
- Juana india de 9 años ✝

- Juan de Alvarado indio casado ✝✝
- Josefa Hernández ✝✝
- Matiana india solt. ✝✝
- María de la Cruz india de 11 años ✝
- Juan indio de 10 años ✝
- Elena india de 9 años ✝

- Francisco Martín indio casado ✝✝
- Antonia Catalina india ✝✝
- Tomás indio de 10 años ✝
- Cristóbal indio de 9 años ✝
- Isabel india de 13 años ✝

- José de Villagrán mestizo casado ✝✝
- Ana Díaz ✝✝
- Catalina Díaz mulata libre solt. ✝✝
- Margarita mulata libre de 10 años ✝
- Juan indio de 9 años

- Diego Baltazar indio casado ✝✝
- Juan de la Cruz ✝✝
- Diego Felipe indio solt. ✝✝
- Diego Martín indio casado ✝✝
- Magdalena de la Cruz india ✝✝
- Juan Domingo indio casado ✝✝
- Cristina Cecilia india ✝✝
- Melchor Tomás indio casado ✝✝
- Ana María india ✝✝
- Juan Bartolomé indio casado ✝✝
- Cecilia Sánchez ✝✝
- Juan indio de 12 años ✝
- Domingo indio de 11 años ✝
- Domingo Juan indio de 10 años ✝
- Sebastián Felipe indio de 12 años ✝
- María Juana india de 10 años ✝
- Lucía María india viuda ✝✝

Rancho de José Gómez
- José Gómez mestizo casado ✝✝
- María de Espinoza mulata libre ✝✝
- Juan Gómez mestizo casado ✝✝
- Micaela Ramírez ✝✝
- Lázaro de los Reyes mestizo casado ✝✝
- Isabel Ortiz ✝✝
- José Rodríguez mestizo casado ✝✝
- Teresa López ✝✝
- María mestiza de 10 años ✝
- Juan indio de 10 años ✝

Rancho de Diego Gómez
- Diego Gómez mestizo casado ✝✝
- Petrona Hernández india ✝✝
- Gaspar Vásquez mestizo casado ✝✝
- Magdalena Gómez mestiza ✝✝
- Domingo de los Reyes mestizo casado ✝✝
- Beatriz Gómez ✝✝
- Nicolás Gómez mestizo casado ✝✝
- María de la Cruz india solt. ✝✝
- Sebastián Gómez mestizo solt. ✝✝
- Nicolasa Gómez mestiza solt. ✝✝
- Petrona Gómez mestiza solt. ✝✝
- Isabel Ortiz mestiza solt. ✝✝
- Diego Gómez mestizo solt. ✝✝
- Nicolás de los Reyes mestizo solt. ✝✝
- Pedro Gómez mestizo de 10 años ✝
- Antonio indio de 10 años ✝
- Juan Vásquez mestizo casado ✝✝
- Francisca Inés india ✝✝
- Lucas de Lara mestizo solt. ✝✝
- María de la Cruz india solt. ✝✝
- Agustín de Anda mestizo solt. ✝✝
- Pascual de Laris mestizo
- María india de 11 años

- Pascuala de los Reyes mestiza solt. ✝✝
- Josefa Ramírez mestiza ✝✝
- María india solt. ✝✝
- José indio de 10 años
- Salvador indio de 11 años ✝

- José de los Reyes mestizo casado ✝✝
- Luisa Ortiz mestiza ✝✝

- Manuela de los Reyes mestizo solt. ✝✝
- José mestizo de 11 años ✝
- Ignacio de los Reyes mestizo solt. ✝✝
- Juan de los Reyes mestizo casado ✝✝
- María india ✝✝
- María Ana mestiza solt. ✝✝
- Alonso Ortiz mestizo solt. ✝✝
- Pascual de los Reyes mestizo casado ✝✝
- Catalina García mestiza ✝✝
- Juana García mestiza solt. ✝✝
- Diego Gallo indio viudo ✝✝
- Catalina india solt. ✝✝

Rancho de Juan de Isasi

- Juan de Isasi morisco libre casado ✝✝
- María Díaz ✝✝
- Tomás de Aguilera español casado ✝✝
- Petrona de Isasi ✝✝
- Antonio de Isasi español solt. ✝✝
- Juana de Isasi morisca solt. ✝✝
- Nicolás Maravilla español casado ✝✝
- María de Isasi ✝✝
- Margarita de Isasi de 11 años ✝
- Ignacio de Isasi de 12 años ✝
- Antonio de Lara indio de 12 años ✝
- Juan Miguel indio de 10 años ✝
- Francisco indio casado ✝✝
- María india ✝✝
- Francisco indio de 12 años ✝
- Cristina india de 9 años ✝

- Luisa de Espinoza mulata viuda ✝✝
- María de Salazar mulata libre solt. ✝✝
- Miguel Becerra mulato libre solt. ✝✝
- José Becerra mulato solt. ✝✝
- Nicolás Becerra mulato de 12 años ✝
- Diego de Espinoza mulato libre de 10 años ✝
- Catalina de Espinoza mulata solt. ✝✝
- Antonia de Espinoza mulata libre solt. ✝✝
- Francisco de Espinoza mulato libre solt. ✝✝

- Francisco de Espinoza mulato libre casado ✝✝
- María Ruiz mulata ✝✝
- María de Espinoza mulata libre solt. ✝✝
- Matiana de Espinoza mulata libre solt. ✝✝
- Isabel de Espinoza mulata libre solt. ✝✝

- Francisco Limón mestizo casado ✝✝
- Matiana López mestiza ✝✝
- Juan López mestizo solt. ✝✝
- José López mestizo solt. ✝✝
- Felipe López mestizo solt. ✝✝
- Inés mestiza solt. ✝✝

- Melchora de los Reyes mestiza ✝✝
- María mestiza de 11 años ✝
- Lorenzo Carbajal mestizo casado ✝✝
- Juana Pérez mestiza ✝✝
- Juan Pedroza indio casado ✝✝
- Juan María india ✝✝
- Tomasa Hernández mestiza solt. ✝✝
- Cristóbal indio de 9 años ✝

- José Ortiz mestizo casado ✝✝
- Catalina López mestiza ✝✝
- María de la Concepción mestiza solt. ✝✝
- Juan del Prado mestizo casado ✝✝
- Antonia Ramírez ✝✝

- Francisco de Ornelas mestizo casado ✝✝
- Antonia de Anda ✝✝
- Donato Mejía mestizo solt. ✝✝
- Catalina López mestiza solt. ✝✝
- Francisco Hernández mestizo casado ✝✝
- Juana de Mendoza ✝✝
- Gertrudis de Morales mestiza solt. ✝✝
- María de Ornelas mestiza solt. ✝✝
- Francisco mestizo de 12 años ✝
- Juan india de 10 años ✝

- Juan Miguel indio casado ✝✝
- Juana María india ✝✝
- Francisco indio casado ✝✝

- María india ✝✝
- Bartolomé indio casado ✝✝
- Nicolasa india ✝✝
- Miguel indio solt. ✝✝
- José indio de 10 años ✝
- Felipa india de 9 años ✝

- Diego del Portillo mestizo casado ✝✝
- Ana de Chávez india ✝✝
- Nicolás del Portillo mestizo casado ✝✝
- Ana López ✝✝
- Francisco Rosales mestizo casado ✝✝
- Juana García ✝✝
- Leonor mestiza de 11 años ✝
- Juan indio de 10 años ✝

- Bernabé del Portillo mestizo solt. ✝✝
- Pedro de la Cruz mestizo casado ✝✝
- María del Portillo ✝✝
- Juan del Portillo mestizo casado ✝✝
- Ana Álvarez mestiza ✝✝
- Cristóbal de Segura mestizo solt. ✝✝
- Francisco mestizo de 10 años ✝
- Luis Gómez mestizo casado ✝✝
- Micaela del Portillo ✝✝
- Melchor mestizo de 10 años ✝
- Juan mestiza de 9 años ✝

Rancho de María de Amador
- María de Amador mulata viuda ✝✝
- María de la Cruz mulata libre solt. ✝✝
- José Hernández mestizo casado ✝✝
- Juana de la Cruz mulata libre ✝✝
- Antonio de Puga mestizo casado ✝✝
- Juana Amador mulata libre ✝✝
- Nicolás Hernández mulato libre casado ✝✝
- Francisca de Rubalcaba ✝✝
- Juan Miguel indio solt. ✝✝
- Pascuala mulata de 11 años ✝
- Juan indio de 10 años ✝
- María india de 9 años ✝

Rancho de Baltazar de los Reyes
- Baltazar de los Reyes mestizo casado ✝✝
- Manuel de los Reyes mestizo solt. ✝✝
- Josefa de los Reyes mestiza solt. ✝✝
- Andrea de los Reyes mestiza solt. ✝✝
- Alonso indio casado ✝✝
- María Ana india ✝✝
- Martín indio casado ✝✝
- María Ana ✝✝
- Pascual indio casado ✝✝
- Josefa india ✝✝
- Juan Gómez mestizo casado ✝✝
- Sebastiana mestiza ✝✝
- Francisco Alonso indio casado ✝✝
- Francisca india ✝✝
- Tomás indio casado ✝✝
- Magdalena María ✝✝
- Nicolás indio de 11 años ✝
- Domingo indio de 10 años ✝
- Diego Nicolás indio solt. ✝✝
- Francisco Infante indio casado ✝✝
- María de los Reyes india ✝✝
- Andrés López mestizo casado ✝✝
- Antonia de los Reyes
- José indio de 12 años ✝
- Juan indio de 10 años ✝

Labor de Jacinto Velásquez
- Juan Moreno de Ortega español casado ✝✝
- Beatriz Zermeño
- Juana negra esclava solt.
- Juan india solt. ✝✝
- Melchor indio casado ✝✝
- Cristina María india ✝✝
- Nicolás indio casado ✝✝
- Juana india ✝✝
- José indio casado ✝✝
- Inés india ✝✝
- Juan Bartolomé indio casado ✝✝
- Beatriz india ✝✝
- Pascual indio casado ✝✝
- Angelina india ✝✝
- Andrés Juan indio casado ✝✝
- María india ✝✝
- Juan Baltazar indio casado ✝✝
- María ✝✝
- Jacobo indio solt. ✝✝
- Angelina india solt. ✝✝

- María Jaloma india solt. ††
- Angelina Ortiz india ††
- Magdalena María india solt. ††
- Gerónimo indio casado ††
- Juana india ††
- Andrés indio casado ††
- Ana india ††
- Juana india de 12 años †
- Andrés indio solt. ††
- Sebastián indio casado ††
- Lorenza india ††
- Bartolomé mestizo de 11 años †
- Pascual india de 10 años †
- Gerónimo indio de 10 años †
- José indio de 11 años †
- Francisco Agustín indio casado ††
- Sebastiana india ††
- Luis indio casado ††
- Melchora india ††
  Magdalena india viuda ††
- Mateo indio de 10 años †
- Juan Miguel indio casado ††
- Petrona india ††
- Matías indio de 9 años †
- Juan Moreno indio de 11 años †
- Miguel de Villegas indio de 10 años †
- Baltazar indio de 10 años †
- Antonio indio de 11 años †
- Magdalena india de 10 años †
- Lorenzo indio de 11 años †
- Marcos indio de 9 años †
- Clemente de la Cruz indio solt. ††
- Lorenzo indio viudo ††
- Francisca india de 9 años

Hacienda de Ovejas de Jacinto Velásquez

- Antonio de Buenrostro español casado ††
- María Velasco española ††
- Melchor de Olivera mestizo casado ††
- Lorenza mulata libre ††
- Juan Cristóbal mulato esclavo casado ††
- Isabel india ††
- Francisco Pérez indio casado ††
- Francisca india ††
- José Muñoz mulato esclavo casado ††
- Leonor india ††
- Diego de la Cruz indio casado ††
- María de Sanatina india ††
- Pedro Martín indio casado ††
- María Cecilia india ††
- Juan Martín indio casado ††
- Luisa india ††
- Juan de la Cruz indio casado ††
- Juana india ††
- Diego Martín indio casado ††
- Ana Ramos ††
- Francisco de la Cruz indio casado ††
- Luisa india ††
- Cristóbal de Santiago indio casado ††
- Feliciana india ††
- Nicolás Rodríguez indio casado ††
- Luisa india ††
  Juan Pasco indio casado ††
- María Ana india ††
- Pablo de la Cruz indio casado ††
- Antonia Sebastiana india ††
- Agustín Guillén indio casado ††
- Ana india ††
- Antonio Hernández indio casado ††
- Inés india ††
- Antonio de la Cruz indio solt. ††
- Roque Velásquez español solt. ††
- Cristóbal de Santiago indio solt. ††
- Nicolás Esteban indio solt. ††
- Felipe Martín indio solt. ††
- Alonso de la Cruz indio solt. ††
- Baltazar negro esclavo solt. ††
- Juan Blanco negro esclavo solt. ††
- Mateo negro esclavo solt. ††
- Nicolás mulato esclavo solt. ††
- Pascual mulato esclavo solt. ††
- Isabel de la Cruz india solt. ††
- Inés mulata esclava solt. ††
- Ana María india solt. ††
- María Mónica india ††
- Juana María india solt. ††
- Teresa india solt. ††
- Petrona mulata esclava solt. ††
- Francisco indio solt. ††

- Diego Martín indio solt. ✝✝
- Pascual Martín indio ✝✝
- Pedro mulato esclavo solt. ✝✝
- Nicolás indio solt. ✝✝
- José de Lara indio solt. ✝✝
- Angelina Sanatina india solt. ✝✝
- Ana de la Cruz india solt. ✝✝
- Matiana Martín india solt. ✝✝
- María de la Cruz india solt. ✝✝
- Nicolás del Campo indio casado ✝✝
- Sebastiana india ✝✝
- Francisco Atilano indio casado ✝✝
- María Ana india ✝✝
- Sebastián indio de 12 años ✝
- Felipe indio de 11 años
- Juan indio de 10 años ✝
- Teresa india de 8 años ✝

Hacienda de Ovejas de Juan Ruano que es mayordomo de Francisco de Navarrete

- Juan Ruano mestizo solt. ✝✝
- Nicolás de Perales español casado ✝✝
- Juan Ruano ✝✝
- Francisco Tirado español solt. ✝✝
- Manuel Fernández español solt. ✝✝
- Asencio Martín español solt. ✝✝
- Baltazar indio casado ✝✝
- María india ✝✝
- Juan de la Cruz indio casado ✝✝
- Loreta india ✝✝
- Felipe indio casado ✝✝
- Angelina india ✝✝
- Migue indio casado ✝✝
- Ana india ✝✝
- Diego Hernández indio casado ✝✝
- Cecilia india ✝✝
- Lucas indio casado ✝✝
- Francisca india ✝✝
- Martín indio casado ✝✝
- Angelina india ✝✝
- Tomás indio casado ✝✝
- María india ✝✝
- Pedro indio casado ✝✝
- Magdalena india ✝✝
- Tomás de la Cruz indio casado ✝✝
- Nicolasa india ✝✝
- Antonio indio solt. ✝✝
- Juan Flores indio casado ✝✝
- Juana india ✝✝
- Magdalena María india viuda ✝✝
- Juana india de 11 años ✝
- Magdalena india de 12 años ✝
- Nicolás indio de 10 años ✝
- Pascual indio de 9 años ✝
- Juan Ortiz indio casado ✝✝
- María Ana india ✝✝

Padrón del pueblo de San Juan de la Laguna

- Juan de Torres indio alcalde casado ✝✝
- Doña Juana del Águila india ✝✝
- Pedro Sebastián indio casado ✝✝
- Andrea Magdalena india ✝✝
- Matiana Magdalena india solt. ✝✝
- María Juana india solt. ✝✝
- Tomasa Ramírez india solt. ✝✝
- Marcos Agustín indio solt. ✝✝
- Manuel indio de 12 años ✝
- Feliciana india de 11 años ✝
- Sebastiana Gómez india solt. ✝✝
- Cecilia india de 10 años ✝
- Pedro indio de 10 años ✝

- Marcos Rodríguez indio casado ✝✝
- Dominga María india ✝✝
- Andrés de la Cruz indio casado ✝✝
- Marta Agustina india ✝✝

- Doña Josefa del Águila india viuda ✝✝
- Miguel Vásquez indio casado ✝✝
- Juan india ✝✝
- Esteban Vásquez indio casado ✝✝
- Sebastiana de la Cruz india ✝✝
- Catalina Vásquez india viuda ✝✝
- Juan de Tapia indio solt. ✝✝
- Asencio Vásquez indio solt. ✝✝
- María india de 10 años ✝
- Agustín Vásquez indio casado ✝✝
- Catalina Vásquez india solt. ✝✝

- Margarita de Espinoza india solt. ††
- Agustina de la Cruz india solt. ††
- Francisca Fabiana india solt. ††
- Juan de Vega indio casado ††
- Luisa Francisca india ††
- Mateo Vásquez indio casado ††
- Ana María india ††

- Juan Laso indio casado ††
- Juan María india ††
- Nicolasa india de 11 años †
- Juan Lázaro indio de 10 años †
- Francisco india de 9 años †

- Juan Tomás
- Tomasa Rodríguez india ††
- Antonio de Aguirre indio solt. ††
- Luisa Hernández india solt. ††
- Bárbula india de 11 años †
- Balter indio de 10 años †

- Miguel Juárez indio casado ††
- Angelina Mónica india ††
- Juan de Santiago indio solt. ††
- Juana de la Cruz india solt. ††
- Juan Ignacio indio casado ††
- Catalina Elena india ††
- Nicolasa María india solt. ††
- Juan Evangelista indio

- Francisco Hernández indio casado ††
- Catalina de la Cruz india ††
- Salvador indio de 10 años †
- Juana india de 9 años †

- Baltazar de los Reyes indio casado ††
- Micaela Agustina india ††
- Tomás de la Cruz indio solt. ††
- Cristóbal indio de 9 años †
- Sebastián indio de 10 años †
- Ana india de 9 años †

- Juan Tomás indio casado ††
- Magdalena María india ††
- Martín Sebastián indio casado ††
- Ana María india ††
- Andrés de la Cruz indio casado ††
- Agustina Marta india ††
- Francisco Martín indio casado ††
- Ana de la Cruz india ††
- Miguel Ángel indio solt. ††
- Agustín indio de 11 años †
- Francisco Agustín indio de 12 años †
- María Isabel india solt. ††
- Miguel Ángel indio solt. ††
- Agustín indio de 10 años †
- Melchora india de 10 años †
- Juan Tomás indio de 9 años †
- Magdalena María india de 8 años †

- María Hernández india viuda ††
- Ana Valadés india solt. ††
- Rafael Ángel indio solt. ††

- Lorenzo de los Ríos indio casado ††
- Micaela de la Cruz india ††
- Mónica de la Cruz india solt. ††
- Ana de los Ríos india solt. ††
- María de los Ríos india solt. ††
- Pedro indio de 10 años †

- Don José López indio casado ††
- María Magdalena india ††
- Luisa Flores india solt. ††
- José indio de 10 años †
- Juan indio de 11 años †
- Felipe indio de 9 años †

- Luisa María india viuda ††
- Pedro Lorenzo indio casado ††
- Angelina María india ††
- Ana Francisca india solt. ††
- Ana María india de 11 años †
- Domingo indio de 10 años †
- Juan Pascual indio casado ††
- Pascuala de la Cruz indio ††
- Elena Rosales india solt. ††
- Miguel Rosales indio solt. ††

- Juan Francisco indio casado ††
- Ana Magdalena india ††
- Juan Pascual indio casado ††

- Agustina Fabiana ††
- Diego Felipe indio solt. ††
- Luis Melchor indio solt. ††
- Miguel Pedro indio solt. ††
- María india de 10 años †
- Mónica india de 11 años †
- Diego indio de 9 años †

- Domingo José indio casado ††
- Nicolasa Catalina india ††
- Tomasa Nicolasa india solt. ††
- Teodora Hernández india solt. ††
- Bernardina Catalina india solt. ††
- Tomasa López india solt. ††
- Juan indio de 12 años †

- Juan Francisco indio casado ††
- Juliana Fabiana india ††
- Pedro indio de 9 años †

- Andrés de la Cruz mulato libre casado ††
- Luisa de Arguello mulata libre ††
- Inés María india solt. ††
- Catalina Hernández india solt. ††
- Nicolás Martín mulato libre solt. ††
- Leonor de la Cruz mulata libre solt. ††
- Juan Ramos mulato libre solt. ††
- María de la Cruz mulata de 10 años †
- Tomás de Saavedra mulato libre de 11 años †

- Nicolás Muños indio casado ††
- Justina Fabiana india ††
- Luis Hernández indio casado ††
- Ana Francisco india ††
- Cristóbal indio de 11 años †
- Andrea india de 10 años †

- María Magdalena india solt. ††
- Miguel Varela indio solt. ††
- Antonio Fabián indio solt. ††
- Pedro indio de 11 años †
- Antonio indio de 10 años †

- Pedro Gaspar indio casado ††
- Juan de la Cruz india ††

- Petrona de Anda mestiza solt. ††
- Andrea Muñoz mestiza solt. ††
- Juan de Cuevas mestizo casado ††
- Juana de Mendoza mestiza ††
- Nicolás Sánchez mestizo casado ††
- Antonia de Alba mestiza †
- Teresa de Anda mestiza solt. ††
- Antonia Margarita mestiza solt. ††
- María de Anda mestiza solt. ††
- Diego de Silva mestizo solt. ††
- José mestizo de 10 años †
- Juan mestizo de 9 años †
- Catalina negra libre viuda ††

<u>Casas de Buenavista junto a la Villa</u>

- Lorenzo de la Cruz indio solt. ††
- María Ramírez india solt. ††
- Petrona Hernández india solt. ††
- Juan Pascual indio casado ††
- Elena Tavera india ††
- María de Santiago india solt. ††
- José Sánchez indio solt. ††
- Josefa de la Cruz india solt. ††
- Juan de la Cruz indio solt. ††
- María Magdalena india solt. ††
- Diego indio de 10 años †

- Francisco de Ávalos mestizo casado ††
- María de Retamosa mestiza ††
- María de Ávalos mestiza solt. ††
- Nicolasa de Ávalos mestiza solt. ††
- Agustina de Ávalos mestiza solt. ††
- Magdalena de Ávalos mestiza solt. ††
- Gregorio de Ávalos mestizo solt. ††
- Francisco de Ávalos mestizo solt. ††
- José de Ávalos mestizo de 10 años †
- Catalina de Ávalos de 9 años †

- Miguel de Santiago indio casado ††
- Petrona ††
- Gerónima india ††
- Sebastiana Gerónima india solt. ††
- Sebastiana india de 9 años †

- Miguel Gerónimo indio casado ††
- Josefa Hernández india ††
- Pascual de Rivera indio casado ††
- Francisca Gerónima india ††
- Juana india de 10 años †

- María de la Cruz india viuda ††
- Salvador Hernández indio solt. ††
- Angelina Beatriz india ††
- Lucas indio de 11 años ††
- Teresa india de 10 años ††

- Francisco Vásquez indio casado ††
- María Magdalena india ††
- Josefa Vásquez india solt. ††
- Juan Nicolás indio casado ††
- Agustina Juana india ††
- Santiago Benites indio casado ††
- Pascuala Elena india †
- Juan Ana india solt. ††
- Francisco indio de 12 años †
- Lucía india de 11 años †
- Juliana india de 10 años †
- Juana india de 9 años †
- Diego indio de 8 años †

- Pascual de Torres indio casado ††
- Juana Muñiz india ††
- Tomás Muñiz indio solt. ††
- Pedro Muñiz indio solt. ††
- Juan Lorenzo indio de 10 años †

- Juan Domínguez indio casado ✝✝
- María Juana india ✝✝
- Felipe de Santiago indio solt. ✝✝
- Francisca de los Ángeles india ✝✝

- Sebastián Casillas indio solt. ✝✝
- Matías González indio casado ✝✝
- Lucía Mejía india ✝✝
- Lucas Mejía indio solt. ✝✝
- Matías de la Cruz indio solt. ✝✝
- Lucas indio de 9 años ✝

- Pedro Martín indio casado ✝✝
- María Magdalena india ✝✝
- Manuel Francisco indio solt. ✝✝

Rancho de Nicolás Martín del Campo

- Nicolás Martín del Campo español casado ✝✝
- Doña Sebastiana de Isasi española ✝✝
- Alonso Hernández español casado ✝✝
- Juana de Araujo ✝✝
- Antonio Martínez mestizo solt. ✝✝
- María de la Trinidad mulata esclava solt. ✝✝
- María de Isasi española 10 años ✝✝
- Juan Alonso mulato esclavo soltero ✝✝
- Nicolasa mulata esclava soltera ✝✝

Santa Maria de los Lagos en 1888.

Padron del Partido de Xalostotitlan de este año de mil y Setecientos y Setenta y nueve años, de españoles, y mulatos de Servicio = y de los naturales de este Pueblo = los que ban con esta señal ## son de Confesion, y comunion, y los que ban con esta + de Solo Confesion = fecho, y sacado del Original por el Lic.do Juan Gomez de S.tiago Cura B.do de él dedicho partido Vicario, y Juez eclesiastico en el por el Ill.mo y R.mo Señor Dr. D. Juan de Santiago Leon, y Garavito obpo. de Guadalaxa. del Consejo de Su Mag. etc.a mi Señor ———

Pueblo de Xalostotitlan Sus naturales

Cara ## el B.do Jud. Gomez Santiago ## Alf.z D. Joseph de Estrada Figueroa ## Joseph Sainos Santiago ## Clem.te de Vera ## Joseph Alva ## Sebastiana de Vera ## Petrona de Borron ## Augustina de Alva ## Simon hernandez ## Maria Garcia ## Polonia Mar ## Ysabel de erquibela + Felipe de S.tiago ## Ana Rodriguez ———

c. est.a el B.r Lazaro Ruiz de hermosillo ## Leonor
4 est.a de hermosillo ## Juan Ant.o ## Jud. Felipe ## Ant.o de Azeber ## Miguel Ruiz ## Maria Rubia ## M.a Magdalena ## Mariana de hermosillo + Micaela hernandez ## M.a de Mendoça ## Melchora hernandez ## Ysabel Barquez ## Ana Ramirez ## esc. Martin hernandez ## Fran.co hernandez esc. ## B.me de Aguilar esc. ## Matias Rodriguez esc. ## Josepha de la Cruz esc. ## catalina Barrientos esc. ## P.o de la Cruz + Xptoval muños + R.a Ruiz ## Ju. de Padilla ## Sebastiana de los Reyes ## Ju.a de la + esc. + Miguel Ruiz = Maria Rubia ## Ju.a Leonor ## Mariana Muños esc ## augustina Ramirez ## Ysabel de Mendoça esc. ## Leonor Carrança esc. ## Andres Pz. esc. ## catalina de Bargas esc. ## M.a Barajas esc. ## Sebastian Bezerra esc. + Joseph de S.tiago ## P.o de Mendoça esc. ## Miguel Ruiz esc. + Fran.co Ramirez esc. + Andres Pz. esc. ## Nicolas Rodriguez + Nuña hernandez esc. + P.o de Barrientos esc. ## Melchora de la trinidad esc. ———

c. ## D. Diego de Padilla y Mota ## D.a Leonor de hermosillo ## Ju.a Ruiz esc. ## Ezequiel Lucas ## Domingo Cabrera ## thomas hernandez ## Magdalena de Avalos ## Domingo de la Cruz ##

+ Augustin Ruiz + Jud. de la Mota + Luis de Mota esc. ## Joseph Cordero ## Blas Bezerra ## Joseph de la Cruz ## Gabriel Lucas ———

c. est.a ## D.o de Orozco Aguero ## D.a Mariana de Sabedra ## Nicolas de Orozco ## Jud. de Orozco ## Joseph Gonçales ## D.a Petronila de Orozco ## D.a Gertrudes de Orozco ## D.a Mariana de Orozco ## D.a M.a de Orozco + D.a Ysabel ## Leonicio Belazquez ## Augustin de Alcon ## Jud. hernandez ## Jud. de Mendoça esc. ## Sebastiana de Orozco esc. ## M.a Gonçales esc. ## Ana de Renteria ## Joseph de Orozco ## M.a de Renteria

c. est.a ## Sebastian Ramirez ## M.a de hermosillo ## Joseph Ramirez ## Ygnacio Ramirez ## Nicolas Ram.z ## Jud. Ram.z ## Juan Ram.z esc. ## Josepha de Moya esc. ## P.o Ram.z ———

c. R. ## D.o de Orozco aguero ## Beatriz Ram.z ## ———

c. ## Mariana de Mendoza ## Lucas Camarena ## D.a M.a de Orozco ## D.a Josepha de Orozco ## D.a Ysabel de Orozco ## M.na de Mendoça + D. Manuel de Orozco ## D. Feliciana de Orozco + Ju.a de Men.a + Mariana de Mendoça ## M.a esc. + Beatriz de camarena ———

c. ## Leonor de hermosillo ## Maria Rubio ## Polonia Ram.z ## Luis Lopez + Jud. Lopez ## Ana de hermosillo esc. ———

c. est.a ## Estevan Gomez ## Maria de Baldivia ## bernardo Gomez ## D.o Gomez ## augustin Gomez ## Ju.a Leal ## agueda de Tovar ## Ju.a Pz. esc. ## Ju.a Pz. esc. ## Ju.a Magdalena Yndia ## Ana Maria ## Lucas Barajas esc. ## Mariana Pz. esc. + Luisa de los Reyes esc. ———

R. ## D.o de Alderete ## Ynes de Baldivia ## Sebastian Gonçales de hermosillo ## Gertrudes Alderete esc. + angela de los Reyes esc. + Lazaro Pz. esc. —

R. ## Catalina Mendoça Viuda ## Leonor de Mendoça

c. est.a ## Polonia de torres ## Alonso Ramirez ## Fran.co de torres ## Ju.o Pz. ## ———

R. ## Gabriel de torres ## Fran.ca de Mendoça + Nicolas de torres + Estevan de torre ———

JALOSTOTITLÁN DE 1679

PADRÓN DEL PARTIDO DE XALOSTOTITLÁN DE ESTE AÑO DE MIL Y SEISCIENTOS Y SETENTA Y NUEVE DE ESPAÑOLES, Y CRIADOS DE SERVICIO, Y DE LOS NATURALES DE SIETE PUEBLOS = LOS QUE VAN CON ESTA SEÑAL ✝✝ SON DE CONFESIÓN Y COMUNIÓN, Y LOS QUE VAN DE ESTA ✝ SON DE CONFESIÓN. FECHO, SACADO DEL ORIGINAL POR EL LICENCIADO JUAN GÓMEZ DE SANTIAGO CURA BENEFICIADO PROPIO DE ESTE PARTIDO VICARIO Y JUEZ ECLESIÁSTICO POR EL ILUSTRÍSIMA Y REVERENDÍSIMO SEÑOR DOCTOR DON JUAN DE SANTIAGO LEÓN Y GARABITO OBISPO DE GUADALAJARA DEL CONSEJO DE SU MAJESTAD ETCÉTERA NUESTRO SEÑOR.

Pueblo de Xalostotitlán sin Naturales

Casa

- El Beneficiado Juan Gómez Santiago ✝✝
- El Licenciado José de Estrada Figueroa ✝✝
- José Saínos Santiago ✝✝
- Clemente de Vera ✝✝
- José Alba ✝✝
- Sebastián de Vera ✝✝
- Petrona de Borbón ✝✝
- Agustina de Alba ✝✝
- Simón Hernández ✝✝
- María García ✝✝
- Polonia María ✝✝
- Isabel de Esquívela ✝✝
- Felipe de Santiago ✝
- Ana Rodríguez ✝✝

Casa y Estancia, 4 estancias

- El Bachiller Lázaro Gutiérrez Hermosillo ✝✝
- Doña Leonor de Hermosillo ✝✝
- Juan Antonio ✝✝
- Juan Felipe ✝✝
- Antonio de Aceves ✝✝
- Miguel Gutiérrez ✝✝
- María Rubio ✝✝
- María Magdalena ✝✝
- Mariana de Hermosillo ✝✝
- Micaela Hernández ✝
- María de Mendoza ✝✝
- Melchora Hernández ✝✝
- Isabel Vásquez ✝✝
- Ana Ramírez ✝✝
- Martin Hernández esc. ✝✝
- Francisco Hernández esc. ✝✝
- Bartolomé de Aguilar esc. ✝✝
- Matías Rodríguez esc. ✝✝
- José de la Cruz esc. ✝✝
- Catalina Barrientos esc. ✝✝
- Pedro de la Cruz ✝✝
- Cristóbal Muñoz ✝
- Pedro Gutiérrez ✝
- Juan de Padilla ✝
- Sebastiana de los Reyes ✝✝
- Juana de la Cruz esc. ✝✝
- Miguel Gutiérrez ✝
- María Rubia ✝
- Juana Leonor ✝✝
- Mariana Muñoz esc. ✝✝
- Agustina Ramírez ✝✝
- Isabel de Mendoza esc. ✝✝

- Leonor Carranza esc. ††
- Andrés Paz esc. ††
- Catalina Vargas esc. ††
- María Barajas esc. ††
- Sebastián Becerra esc. ††
- José de Santiago †
- Pedro de Mendoza esc. ††
- Miguel Gutiérrez esc. ††
- Francisco Ramírez esc. †
- Andrés Paz esc. †
- Nicolás Rodríguez ††
- Elvira Hernández esc. †
- Pedro de Barrientos esc. †
- Melchora de la Trinidad esc. ††

Casa
- Don Diego de Padilla y Mota ††
- Doña Leonor de Hermosillo ††
- Juana Gutiérrez esc. ††
- Gabriel Lucas ††
- Domingo Cabrera ††
- Tomas Hernández ††
- Magdalena de Avalos ††
- Domingo de la Cruz ††
- Agustín Gutiérrez †
- Juan de la Mota †
- Luis de Mota esc. †
- José Cordero ††
- Blas Becerra ††
- José de la Cruz ††
- Gabriel Lucas ††

Casa y Estancia
- Don Diego de Orozco Agüero ††
- Doña Mariana de Saavedra ††
- Nicolás de Orozco ††
- Juan de Orozco ††
- José González ††
- Doña Petronila de Orozco ††
- Doña Gertrudis de Orozco ††
- Doña Mariana de Orozco ††
- Doña María de Orozco ††
- Doña Isabel †
- Leonicia Velásquez ††
- Agustín de Ayllón ††
- Juan Hernández ††
- Juan de Mendoza esc. ††
- Sebastiana de Orozco esc. ††
- María González esc. ††
- Ana de Rentería ††
- José de Orozco ††
- María de Rentería ††

Casa y Estancia
- Sebastián Ramírez ††
- María Hermosillo ††
- José Ramírez ††
- Ignacio Ramírez ††
- Nicasio Ramírez ††
- Juan Ramírez ††
- Juan Ramírez esc. ††
- Josefa de Moya esc. ††
- Pedro Ramírez ††

Casa
- Diego de Orozco Agüero ††
- Beatriz Ramírez ††

Casa
- Mariana de Mendoza ††
- Lucas Camarena ††
- Doña María de Orozco ††
- Doña Josefa de Orozco ††
- Doña Isabel de Orozco ††
- Mariana de Mendoza ††
- Don Manuel de Orozco †
- Doña Feliciana de Orozco ††
- Juana de Mendoza †
- Mariana de Mendoza †
- María esc. ††
- Beatriz de Camarena

Casa
- Leonor de Hermosillo ††
- María Rubio ††
- Polonio Ramírez ††
- Luis López ††
- Juan López †
- Ana de Hermosillo esc. ††

Casa y Estancia
- Esteban Gómez ✝✝
- María de Valdivia ✝✝
- Hernando Gómez ✝✝
- Diego Gómez ✝✝
- Agustín Gómez ✝✝
- Juan Leal ✝✝
- Águeda de Torres ✝✝
- Juana Paz esc. ✝✝
- Juan Paz esc. ✝
- Juana Magdalena india ✝✝
- Ana María ✝✝
- Lucas Barajas esc. ✝✝
- Mariana Paz esc. ✝✝
- Luisa de los Reyes esc. ✝

Rancho
- Diego de Alderete ✝✝
- Inés de Valdivia ✝✝
- Sebastián González de Hermosillo ✝✝
- Gertrudis Alderete esc. ✝✝
- Ángela de los Reyes esc. ✝
- Lázaro Paz esc. ✝

Rancho
- Catalina Mendoza viuda ✝✝
- Leonor de Mendoza ✝✝
- **Casa y Estancia**
- Polonia de Torres ✝✝
- Alonso Ramírez ✝✝
- Francisca de Torres ✝✝
- Juan Paz ✝✝

Rancho
- Gabriel de Torres ✝✝
- Francisca de Mendoza ✝✝
- Nicolás de Torres ✝
- Esteban de Torres ✝

Estancia
- Juan Camacho Riquelme ✝✝
- Doña Josefa de Salazar ✝✝
- D. José Gallardo
- Doña Teresa Riquelme ✝✝
- D. José Camacho ✝✝
- Luisa de San Nicolás esc. ✝✝
- María de la Candelaria esc. ✝✝
- María Riquelme esc. ✝
- Juan Miguel ✝✝
- Catalina Juana ✝✝
- Gerardo de los Reyes ✝✝
- Magdalena de la Cruz ✝✝
- Mariana María ✝✝
- Pascual de los Reyes ✝✝
- Francisca de Luisa ✝✝

Rancho
- José Velásquez ✝✝
- Sebastiana Riquelme

Rancho
- Agustín Camacho ✝✝
- Juana de Retamosa ✝✝
- Josefa de Retamosa ✝✝
- Teresa de Hermosillo ✝

Rancho
- Silvestre Camacho ✝✝
- María Vásquez ✝✝
- Juana Marfil ✝

Casa
- Nicolás Velasco ✝✝
- D. Regina de Orantes ✝✝

Casa y Estancia
- Diego Pérez Maldonado ✝✝
- Isabel de Saavedra ✝✝
- Juan Pérez ✝✝
- María Pérez ✝✝
- Luis Pérez ✝✝
- Lorenzo Pérez ✝✝
- Bernabé Martin ✝✝
- Ángela García ✝✝
- Luisa Sánchez ✝✝
- Francisco Pérez esc. ✝✝
- Inés Estrada esc. ✝✝
- José Casillas su marido ✝✝

Casa y Estancia
- Manuel de Lomelín ✝✝
- Josefa Pérez ✝✝

- Lucas Ávila esc. ††
- Juana Melchor ††
- Mariana Luisa †

Rancho
- Jerónimo Valdivia ††
- Ana Muñoz ††
- Miguel Ramírez ††
- Fabiana Ramírez ††
- Antonio Álvarez ††
- Mariana Ramírez ††
- Antonio Ramírez esc. ††
- Catalina Martina
- Andrés Ramírez esc. †

Casa y Estancia
- Juan Álvarez ††
- Isabel Ramírez ††
- Francisco Álvarez ††
- Ana Ramírez ††

Estancia
- Alonso Hernández ††
- Catalina Ramírez ††
- Ana de Mendoza ††
- Lázaro Vásquez ††
- Bartolomé Ramírez esc. ††
- Isidro Ramírez esc. ††
- María de Meda †

Casa
- Francisco de Oliver††
- Catalina Sánchez ††

Casa y Estancia
- Mariana de Jiménez ††
- Sebastián de Valdivia ††
- Blas de Valdivia ††
- Pedro de Valdivia ††
- Mariana Jiménez ††
- Antonia de Herrera esc. ††
- Mónica de la Cruz esc. ††
- Blas de Herrera esc. †

Casa
- José Cornejo ††
- Isabel de Olivares ††
- Francisco Martin Regalado ††

Casa
- Petronila de Mendoza ††
- Isabel de Olivares ††
- Regina de Mendoza ††
- Francisco Cornejo ††
- Juana Jiménez †
- María Jiménez ††
- Francisco Jiménez ††

Rancho
- Pedro Macías ††
- Francisca de Cárdenas ††
- Bartolomé de Cárdenas ††
- José Cárdenas ††

Casa
- Silvestre Camacho ††
- D. Ana Flores ††
- D. Lorenzo de Anda ††
- D. Gertrudis de Hermosillo ††
- Úrsula Altamirano ††
- Antonia Camacho esc. ††
- María Camacho esc. ††

Rancho
- Nicolás Pinto ††
- D. Ana de Orozco††
- María Pinto ††
- Marcos Pinto †

Estancia
- Francisco Becerra ††
- Josefa Flores ††
- Francisco Becerra ††
- Juan Becerra ††
- María Becerra ††
- Juan Saavedra ††
- Teresa Becerra ††
- Catalina Becerra ††
- Cristóbal Becerra ††
- Josefa Becerra ††

Estancia
- Francisco Muñoz ††
- Mariana López ††
- Sebastián Ramírez esc. ††
- José González †
- Matías Gordillo †

Rancho
- Miguel Cabeza ††
- D. Cecisa de Orozco ††
- José Martin ††

Casa y Estancia
- Carlos de Aceves ††
- Isabel de Mendoza ††
- Diego de Aceves †
- Jerónimo Aceves †
- Sebastiana Agundes esc. ††
- Andrea Rodríguez esc. ††
- José Rodríguez esc. †
-

Casa y Estancia
- Pedro de Gallaga ††
- D. Juana de Lomelín ††
- D. Jerónima de Gallaga ††
- Pedro Gallaga ††
- Hernanda Paz †
- Micaela de Gallaga †
- Bernabé Santillán ††
- Juana García ††

Rancho
- Sebastián Riquelme ††
- Juan Ramírez ††
- Juan Camacho †

Casa y Estancia
- Miguel de Hermosillo ††
- María de Camarena ††
- Cristóbal Muñoz ††
- Miguel Hermosillo †
- María de Camarena esc. ††
- Agustina Gutiérrez esc. ††
- Nicolás de Santillán ††
- María Tafoya ††
- María de Camarena ††

Casa
- Inés de Mendoza ††
- Inés de Mendoza ††
- Antonio de Saavedra ††
- Domingo Cortez ††
- Juan Antonio ††
- Domingo Macías ††
- Juan de Bocanegra esc. ††
- Isidro Pinto esc.
- Magdalena Rangel
- Josefa de la Cruz esc. ††
- Inés Rodríguez
- Juan de Rentería ††
- Francisco Hernández ††

Casa
- Francisco Flores ††
- Francisca Flores ††
- Josefa Flores ††
- Magdalena de Amaya ††
- María Flores ††
- Francisco Flores criado ††
- Andrés Flores †

Casa
- Catalina de Salazar ††
- Luisa Trujillo ††
- Catalina Trujillo ††

Casa
- Nicolás de Plasencia ††
- Nicolasa de Contreras ††
- María ††

Casa
- Mariana de Torres ††
- Isabel de Chavarría ††
- María Magdalena ††
- Juan González ††
- Luisa de Torres esc. ††

Rancho
- Catalina Becerra ††
- Ana Becerra ††
- Juan Becerra ††

Casa y Estancia
- José de Lomelín ††
- Micaela de Hermosillo ††
- Francisca Torres ††
- Antonia de la Cruz esc. ††
- Nicolás de Ávila esc. ††
- Agustín Ponce ††
- José Gómez ††
- María Magdalena ††

Casa
- Diego de Torres ††
- María de la Encarnación ††
- María de Torres †

Casa y Rancho
- Carlos Lomelín ††
- María de Nava ††
- Juana de Lomelín ††
- Agustín López ††
- Catalina Hernández esc. ††

Casa y Estancia
- Agustín García ††
- José Jiménez ††
- Tomasa de Hermosillo ††
- Agustín García ††
- Catalina de Hermosillo ††
- Jerónima Micaela esc. ††
- Beatriz de Aceves esc. ††
- Isabel de Nava
- Inés de la Cruz ††
- Cristóbal García ††
- Angelina García esc. †

Casa
- Mariana de Salvatierra ††
- Ana de Santiago ††
- Felipe de Santiago †

Casa
- Nicolás Gutiérrez ††
- Ana de Medina ††
- Josefa Gutiérrez ††
- María Gutiérrez ††
- Mariana de Murcia ††
- Pedro Gutiérrez ††

Casa
- Mariana de la Cruz ††
- José Gómez ††
- María Magdalena ††
- Gaspar García ††
- Fabiana María
- Francisco de Santiago †

Casa
- Catalina Muñoz ††
- María de Hermosillo ††

Casa
- Ana de Herrara ††
- María de Hermosillo ††
- Ana de Herrera ††
- Ana Cristina ††
- Juana de Chávez ††
- Isabel de Chávez †
- Luis Camarena ††

Casa
- Nicolás de Olvera ††
- José de Olvera ††

Casa
- Manuel Gallardo ††
- María de Olvera ††

Casa
- Petronila de Mendoza ††

Casa
- Bartolomé de Cárdenas ††
- Nicolás de Cárdenas ††
- Isabel de Cárdenas ††

Casa
- Juana Flores ††
- Luisa de Chávez ††

Casa
- Mateo Molina ††
- María de la Cruz ††

Casa
- Isidro Pérez ††
- Teresa de Hermosillo ††

Casa
- Don Pedro de Estrada ††
- Andrea Rodríguez ††
- María de Estrada ††
- Juan Fernández esc. ††
- Pedro Fernández esc. †
- Nicolás Bran esc. †

Casa
- Cristóbal Becerra ††
- Juana Hernández ††
- Gerónimo Becerra ††
- Francisca de Hermosillo ††
- Blas Becerra ††
- María Rodríguez ††
- Juan Becerra ††
- Diego Becerra ††
- Juan Hernández ††
- Gertrudis Becerra ††
- Miguel de Santillán ††
- María Becerra ††
- Alejo de Santillán ††
- Magdalena de Santillán ††

Casa
- Diego Becerra ††
- Doña Micaela Contreras ††

Casa
- Lázaro de Hermosillo ††
- María Flores ††
- Juan González †

Casa
- Ana María ††
- Melchora de la Paz ††
- Miguel Ramírez ††

Casa
- Martín Díaz ††
- Josefa Tafoya ††
- Gregorio Díaz ††
- Isabel Tafoya ††

Casa
- Francisco Navarro ††
- María Ortiz ††
- Miguel Navarro †

Casa
- Juan Vásquez ††
- Catalina de Chávez ††
- Francisca de Chávez †
- María de Chávez †

Casa
- José Hernández ††
- Catalina Lupércio ††
- Pedro Contreras ††
- José Trujillo ††
- María Trujillo ††
- Magdalena Trujillo ††
- Pedro Tenorio ††
- María Álvarez ††
- Ana Tenorio ††
- Antonio González ††
- Úrsula Tenorio ††
- Magdalena Tenorio †

Rancho
- Pedro Gutiérrez ††
- Doña Luisa de Híjar ††
- Pedro Gutiérrez ††
- Juan Gutiérrez ††
- María de las Cruz esc. ††

Rancho
- Sebastián Gutiérrez ††
- María Galindo ††

- Isabel de Hermosillo ††
- Juan Cervantes ††
- Petrona de Hermosillo††
- Sebastián Gutiérrez ††
- Juan Franco ††
- María Galindo ††
- Domingo Gutiérrez †
- Juan González †
- Felipe de la Cruz esc. †
- José Gutiérrez †
- Catalina Juana ††

Rancho
- Francisco Jaramillo ††
- Josefa Hernández ††

Estancia
- Juan Gutiérrez ††
- Ana Camacho ††
- Josefa Gutiérrez ††
- Jacinto Lozano ††
- Pedro Lozano †
- Don Juan Jiménez de Castro ††
- Francisca de Mendoza††
- Don José Jiménez de Castro ††
- María de Hermosillo ††
- Juan Gutiérrez ††
- Salvador Gutiérrez ††
- Cristóbal Gutiérrez ††
- Petrona de Valadés ††
- María Isabel ††
- Juana María
- Juan Pacheco esc. ††
- Francisco Gutiérrez esc. ††
- Cristóbal de Andrada esc. ††
- Isabel Domínguez ††
- Cristóbal Domínguez ††

Estancia
- Francisco Gutiérrez ††
- Juana González ††
- Gertrudis González esc. †
- Pedro Rodríguez ††

Rancho
- Marcos Gutiérrez ††
- Josefa Rodríguez ††
- Nicolás Gutiérrez †
- Margarita Rodríguez †

Estancia
- Don Cristóbal de Padilla Dávila ††
- Doña Luisa de Hermosillo ††
- Doña María de Padilla ††
- Don Lorenzo de Padilla †
- Doña Catalina de Padilla †
- Agustín Ayllón ††
- Juan de Villegas ††
- Matías Delgado ††
- Agustina de la Cruz ††
- Antón Simón ††
- Simón de Santiago †

Rancho
- José Enríquez del Castillo ††
- Ana Tavera ††

Estancia
- José Barba ††
- Catalina González ††
- Nicolasa Barba esc. †
- Nicolás †

Estancia
- Ana González ††
- José Barba ††
- Leonor Ramírez ††
- Josefa María esc. ††
- Bartolomé de Santillán ††
- Leonor de la Paz ††
- María González ††

Estancia
- Nicolás Ramírez ††
- Francisca Gutiérrez ††
- Bernabé Ramírez ††
- Diego González ††
- María de Hermosillo ††
- Francisca Gutiérrez ††
- Diego Alonso ††
- Leonor de Hermosillo ††
- Ana González ††

- Francisco Prieto esc. ††
- Teresa de la Cruz ††
- Nicolás González ††
- María de Torquemada esc. ††

Estancia
- Alonso Ramírez ††
- Gracia Magdalena esc. ††
- Nicolás Pérez esc. ††
- Cristóbal de Torres esc. ††
- María Vásquez ††
- Angelina Vásquez ††
- Catalina de Campos Verde†

Rancho
- Gaspar de los Reyes ††
- Juana Trujillo ††
- José de Hermosillo ††

Estancia
- Francisco de Páez ††
- Francisca de Hermosillo ††
- Francisco Alejo de Páez ††
- Josefa de Paz ††
- Gerónima Paz ††
- Catalina de Paz ††
- Sebastián de Paz ††
- Nicolás de Paz ††
- Pedro Alejando de Paz ††
- Tomás de Paz †
- Francisco de Paz †
- Gregorio Venegas ††
- Juan Indio †

Rancho
- Magdalena de Cabeza ††
- María de Olivares ††
- Petrona de Olivares ††
- Antonio Ponce ††

Rancho
- José Sánchez ††
- María de Paz ††
- Juan Tarasco ††
- Petrona María ††
- Antonia Tarasco †

Estancia
- Antonio González ††
- Ana de Mendoza ††
- Domingo González ††
- Alonso Macías esc. ††
- Juana María ††

Rancho
- José Maldonado ††
- María Ramírez ††
- Santiago Pérez ††
- Polonia de Torres ††

Rancho
- Gabriel González ††
- María Álvarez ††
- Salvador González ††
- María Patino ††
- Sebastián González ††
- Juan Pascual ††
- Inés Magdalena ††
- Francisca Patino †
- Mariana Patino †

Estancia
- Ana Muñoz ††
- Francisca Gutiérrez ††
- Josefa Gutiérrez †
- Juana Gutiérrez esc. ††
- Mariana Gutiérrez esc. †
- Bartolomé de Mendoza †

Rancho
- Nicolás Gutiérrez ††
- Teresa Martel ††

Rancho
- Catalina González ††
- Inés de Santillán ††
- Blas de Santillán ††
- Bernabé de Santillán ††
- Melchora de Santillán ††
- Bartolomé de Santillán ††
- María Magdalena ††
- Francisco Santillán ††
- Melchora de los Reyes ††

- Miguel de Santillán ††
- Andrés de la Trinidad †
- María de Santillán †

Rancho
- Francisco de Medina ††
- María de Santillán ††

Rancho
- Catalina Becerra ††
- Ana Becerra ††
- Andrés Ramírez †
- Agustín Becerra †
- Micaela Becerra †

Estancia
- Melchor González Hermosillo ††
- Beatriz González ††
- Melchor González ††
- D. Francisca de Rentería ††
- Beatriz Hermosillo ††
- Diego Hermosillo †
- María Hermosillo †
- Marcos Hernández esc. ††
- Diego Valiente esc. ††
- Juan Carranza esc. ††
- Magdalena Hernández esc. ††
- María de la Cruz esc. ††
- Isabel de San José esc. ††
- María Hermosillo esc. †
- Diego esc. †

Rancho
- Beatriz de Leyva ††
- Mariana de Leyva ††
- Antonio Dávila ††
- Juan Chacón †
- Mariana de Leyva †

Estancia
- Miguel Gutiérrez Hermosillo ††
- Inés de Rodas ††
- Miguel Gutiérrez ††
- Luisa de Rodas ††
- Gabriel Sánchez esc. ††
- Mariana Burgueño esc. ††
- Micaela de la Cruz esc. ††
- Nicolás Macías ††
- Pedro Quintero ††
- Juan Ramírez ††
- Tomás Martín ††
- D. Juana Flores ††
- Isabel Vásquez esc. ††
- Catalina Solana ††

Rancho
- Miguel de Medina ††
- Juana de Santillán ††
- Cristóbal de Medina †
- Juan de Medina ††
- Alonso Sebastián ††

Rancho
- Baltazar de Estrada ††
- Inés de Medina ††
- Salvador de Medina †

Rancho
- Tomás Hernández ††
- María Magdalena ††
- Juana de la Cruz ††
- Cristóbal Pérez †
- José Pérez †

Rancho
- Diego Gómez ††
- Isabel Barrona ††
- Lázaro de Ramos ††
- María de Pérez ††
- Andrés de Gómez ††
- María de Gómez †

Rancho
- Pascual de Ávalos ††
- Juana de la Cruz ††
- Domingo de Ávalos ††
- María Magdalena ††
- María Barrona ††
- Juan de Santiago †

Estancia
- Miguel Álvarez de la Cruz ††

- Josefa Ortiz de Moya ††
- Nicolás de la Cruz ††
- Miguel de la Cruz ††
- Inés de la Cruz ††
- Antonio Álvarez †

Estancia
- Andrés Ortiz de Moya ††
- Luisa Gutiérrez ††
- Francisco Ortiz ††
- Juan Ortiz ††
- Francisca Ortiz ††
- Diego Ortiz ††
- Luisa Ortiz †

Rancho
- Juan Ortiz ††
- María Magdalena ††
- María Magdalena †

Estancia
- Cristóbal Sánchez Contreras ††
- María Bautista ††
- Magdalena de la Cruz ††
- Nicolás Bautista ††
- Francisca Bautista ††
- Josefa Sánchez ††
- Cristóbal Sánchez †

Estancia
- Lorenzo Martín ††
- Francisca Vásquez ††
- Francisco Vásquez ††
- María Vásquez ††
- Francisco Martín ††
- Micaela Agustina ††
- Juana Martín ††
- Josefa Martín ††
- Francisco Ramírez ††
- Leonor María ††

Estancia
- Pedro Ambriz ††
- Francisca Sánchez ††
- María de la Rea ††
- María Morales ††
- Francisco Valadés ††
- Margarita Sánchez ††
- Micaela Hernández ††
- María Sánchez ††
- Cristóbal Ambriz ††
- María Ambriz †
- Pedro Ambriz ††

Rancho
- Bernabé Francisco ††
- Magdalena de Aguirre ††

Casas, Estancias y Ranchos que acuden al Pueblo de Nuestra Señora de San Juan

Pueblo de San Juan sin naturales

Casa y Estancia
- El licenciado Nicolás Pérez Maldonado ††
- Marta Vásquez esc. ††
- Juana García esc. ††
- Bernardina de la Encarnación ††
- Juan Pérez de Ruiz ††
- María Maldonado ††
- Isidro Pérez ††
- Úrsula Pérez ††
- Pedro Martín ††
- Francisca de la Cruz ††
- Melchor de los Reyes †
- Bernardina Isabel †
- Ana María ††
- Marcos de la Cruz †
- Mónica García ††
- Sebastián Francisco ††
- Bartolomé González ††
- Juan Miguel ††
- Francisco Sánchez ††
- Juan Ramírez ††
- María Gutiérrez ††
- Bernabé Sánchez †
- Antonio Sánchez †
- Juan López †
- Josefa de Mendoza †

Casa
- El Br. Nicolás de Arévalo ††
- Isabel Jordán ††
- Antonio Benites ††
- María Vásquez ††
- María de San Juan esc. ††
- María de Espinoza ††
- Mónica de la Cruz esc. ††

Casa y Estancia
- Francisco Martín del Campo ††
- D. María de Isasi ††
- Francisco Martín ††
- Bernabé Martín ††
- D. María de Isasi ††
- Melchor de los Reyes esc. ††
- Pascual Alonso esc. ††
- Josefa de Isasi esc. ††
- Mariana de la Cruz esc. ††

Rancho
- Francisco López ††
- María de la Cruz ††

Estancia de Francisco Martín
- Baltazar de los Reyes ††
- Ana de Vera ††
- María de Ávalos ††
- Lázaro de los Reyes †
- Andrés de los Reyes †
- Juan Gregorio ††
- Juana de Orozco ††

Casa
- Francisco Quezada ††
- Juan Rangel ††
- María Bernal ††

Cas
- Alonso Quezada ††
- Juana de Aldana ††
- Ana Quezada ††
- María de los Ángeles ††
- Teresa de Aldana †
- Mateo de Quezada †

Casa
- Rafael de Mendoza su mujer ausente ††
- Migue Ángel ††
- Cristóbal Trujillo ††

Casa
- D. Juan Fernández de Córdova ††
- D. Juana de Vera ††
- Juan de los Reyes esc. ††
- Juana de Córdova †

Casa
- Sebastián Vásquez ††
- Luisa de Liévano ††
- Paula Vásquez ††
- Juana Vásquez ††
- Marta Vásquez ††
- Vicente Vásquez ††
- Baltazar Vásquez ††
- Lorenzo Vásquez †

Casa
- Sebastián de Mendoza ††
- María de Quezada ††
- María de los Ángeles ††
- Juana de Mendoza ††

Casa
- Miguel Gómez ††
- María Álvarez ††
- Juana de la Cruz ††
- Miguel Manuel ††
- Juana Álvarez ††

Casa
- María López ††
- Isabel de Villa ††
- María Rodríguez ††

Casa
- Alonso Hernández ††
- María González ††
- Bárbula Flores ††

Casa
- Gaspar Díaz ††
- Madalena de Ávalos ††
- María Díaz ††
- María García ††

Casa
- Francisco Rodríguez ††
- Juana de Figueroa ††
- José Rolon ††

Casa
- José Delgado ††
- Bárbula Agustina ††
- Catalina Macías ††

Casa
- Francisco de Ruvalcaba ††
- Isabel de Ruvalcaba ††
- José de Ruvalcaba †
- Juan de Ruvalcaba †

Rancho
- Juan Ruiz de Anda ††
- Inés de Ortega ††
- Alonso Ávalos †
- José Ávalos †

Casa
- Nicolás Cano ††
- María de la Cruz ††

Casa
- Sebastián de Saldívar ††
- Inés de Villafuerte ††
- Nicolás de la Virgen ††
- Domingo de la Virgen ††

Casa y Estancia
- Cristóbal Vásquez de Lara ††
- María Ortiz ††
- Bernardo Vásquez ††
- José Velasco ††
- María Ortiz ††
- José Vásquez †
- Isidra María esc. ††
- José Montes esc. †
- Melchor de los Reyes †
- María Ortiz esc. †
- Isidro Montes esc. †
- Ana Beatriz esc. ††
- Salvador de Torres esc. ††
- Juan Camacho esc. ††
- Inés Vásquez esc. ††
- Juan Vásquez esc. ††
- Ana María esc. ††
- Andrés de la Cruz esc. ††
- Josefa Ramírez ††

Casa y Estancia
- Cristóbal Vásquez García ††
- D. Juana de Rueda ††
- D. Ana de Altamirano ††
- D. Damiana Vásquez †
- Lorenzo Vásquez ††
- Magdalena Vásquez esc. ††
- Cristóbal Vásquez ††
- Nicolás de la Cruz ††
- Margarita de la Cruz esc. †
- María de la Cruz ††
- Nicolás Ortiz ††
- María de la Cruz ††

Estancia
- D. Juan de Alcalá ††
- D. Beatriz Vásquez ††
- D. Juana de Alcalá ††
- D. Francisco de Alcalá ††
- Francisco Garivas esc. ††
- Nicolás Pérez esc. ††
- Juan Crisóstomo esc. †
- Inés Vásquez esc. ††
- Cristina de la Cruz ††

Estancia
- D. Manuel de Alcalá ††
- D. Elvira Gil de Lara ††
- María Vásquez esc. ††
- Perla de Figueroa esc. ††
- Agustín Cervantes esc. ††

Estancia
- Lázaro Sánchez ††
- Gerónima Rodríguez ††
- Bernardina Sánchez ††
- Teresa Sánchez ††
- Gerónima Sánchez ††
- María Sánchez ††
- Francisco Sánchez ††
- Lázaro Sánchez ††
- Cristóbal Sánchez ††
- Francisco Sánchez †
- Juana Sánchez †
- Manuel Sánchez †

Estancia
- Juan de Anda Altamirano ††
- Catalina Rodríguez de Salcedo ††
- Pascuala de la Cruz esc. ††
- Luis de la Cruz esc. ††
- Ambrosio Pérez ††
- Juan de los Santos ††
- José de Anda ††

Estancia
- Gerónimo de Anda ††
- Mariana de Salcedo ††
- Pascuala Gómez esc. ††
- Miguel Vásquez esc. ††
- Mateo de la Cruz ††

Estancia
- María López de la Cruz ††
- José Márquez ††
- Tomás de Hermosillo ††
- Nicolasa Márquez ††
- Diego González ††
- Juana Márquez ††
- Isabel Márquez ††
- Josefa Márquez †
- Catalina Márquez †
- Ana López †
- María López †
- Constanza de Mendoza ††
- Andrea de la Candelaria esc. ††
- Nicolás Velásquez ††

Estancia
- Gabriel de Ornelas ††
- María Sánchez ††
- María Sánchez de Lara††
- Juana Muñoz ††
- Mariana Sánchez ††
- Juan García ††
- Magdalena de Castañeda ††
- Juan Sánchez ††
- Josefa de Mendoza ††
- Teresa Castañeda ††
- María Castañeda †
- Juan de Mendoza †
- María Sánchez ††

Estancia
- Juan de Ornelas ††
- Polonia de los Ángeles ††
- D. Diego Flores ††
- Antonia de los Ángeles ††
- Isabel de Mendoza ††
- Nicolás de Ornelas ††
- Juan de Ornelas ††
- María de Ornelas †
- María de Mendoza †
- D. Jacinto Flores ††

Estancia
- Beatriz Gómez ††
- Agustina de Ávalos ††
- María Morales ††
- Nicolás Martín ††
- Pedro Martín ††
- Cristóbal Sánchez †
- Bartolomé de Bocanegra †

Rancho
- Bernardino de Ávalos ††
- Josefa de Bocanegra ††
- Miguel de Ávalos †
- Pedro de Ávalos †
- Antonio de Ávalos †

Rancho
- José de Soto ††
- Luisa de Ávalos ††

- María de Castañeda ††
- Gertrudis de Soto †

Rancho
- Diego Gutiérrez ††
- Juana García ††
- Miguel de Ávalos ††
- María Gutiérrez ††
- Juana Gutiérrez ††
- Juan Gutiérrez †
- Leonor Gutiérrez †

Rancho
- Bartolomé de Mesa††
- Pascuala de Mendoza ††
- Juan de Mesa †
- Alonso de Aguirre ††
- Teresa Núñez ††
- Gerónima Núñez †

Rancho
- Mateo Sánchez ††
- Felipa Martín ††
- Isabel Sánchez ††
- Nicolasa Martín ††
- Lázaro Sánchez ††
- Francisco Sánchez ††
- Luisa Fausto ††
- Pedro Rodríguez †
- Juana Sánchez †

Rancho
- Lucas Francisco ††
- Catalina de la Cruz ††

Rancho
- Juan Martín del Ángel ††
- Francisca Gutiérrez ††
- María Gutiérrez ††
- Isabel Gutiérrez ††
- Simón Martín ††
- Joaquín del Ángel ††
- Diego Martín ††
- Tomás Martín ††
- Francisco Martín ††
- Josefa Martín †

- Antonio Hernández ††
- Petronila de Chávez ††

Estancia
- Constanza Martín ††
- Juana Gutiérrez ††
- Margarita Gutiérrez ††
- Juana Gutiérrez ††

Rancho
- Gaspar Velásquez ††
- María Gutiérrez ††
- Gaspar Velásquez ††

Rancho
- Miguel Hernández ††
- Damiana de la Cruz ††
- Lucas García ††
- María de la Cruz ††
- Juan Delgado ††
- Josefa Márquez ††
- María Ortiz †
- Juana de los Ramos †
- Isidro García ††

Estancia
- José García ††
- María González ††
- Madalena de la Cruz esc. ††

Estancia
- Juan González ††
- D. Inés Seseña ††
- Antonia Marmolejo esc. ††

Rancho
- Juan de Cervantes ††
- Águeda de Torres ††
- Juan de Valdivia ††

Estancia
- Lázaro Martín del Campo ††
- Catalina González ††
- Leonor del Campo esc. ††
- Esteban Vásquez ††

Rancho
- José Sánchez ††
- Doña María de Orozco ††
- Agustina Sánchez ††
- María Sánchez ††
- Lucas Sánchez ††
- Melchor Sánchez ††
- Manuel Sánchez ††

Rancho
- Tomás Sánchez ††
- Sebastiana de Valdivia ††

Rancho
- Juan de Ávalos ††
- María Magdalena ††
- Ana María ††
- Juana de Ávalos ††
- Diego de Ávalos ††
- Nicolás de Ávalos †
- María Ángela †

Estancia
- Antonio de Escoto ††
- Doña Inés Ortiz ††
- Francisca de Escoto ††
- Inés de Escoto ††
- Francisca Ortiz ††
- Juan de Escoto ††
- Ignacio Escoto ††
- Antonio Escoto ††
- Diego Escoto ††
- José Escoto ††
- José de Escoto esc. ††
- María Madalena ††

Rancho
- Miguel Ángel ††
- Josefa Picazo ††
- Juan Picazo ††
- Angelina Guillen ††
- Andrea Picazo ††
- María de la Cruz esc. ††

Estancia
- Francisco Domínguez ††
- María de Hermosillo ††
- José Domínguez ††
- Francisco Domínguez ††
- Laureano Domínguez †

Rancho
- Andrés de Ornelas ††
- María de Nieves ††
- María Guillen ††

Rancho
- Andrés González ††
- María de Montoya ††
- Juan González ††
- María de Ruvalcaba ††

Rancho
- Alonso Pérez ††
- Leonor de Hermosillo ††
- María de Esquivel ††
- Bartolomé Pérez ††
- María Pérez ††
- Gonzalo ††

Casa
- Juan Alonso

Casa
- Martín Riveros ††
- Lorenza López ††

Casa
- Pedro de Loza ††

Casa
- Bernabé de Loza ††
- Gertrudis Montoya ††
- José de Loza †
- Nicolás de Loza ††

Casa
- Miguel Limón ††
- Juana Ortiz ††

Casa
- Marcos Martín ††
- Antonia Gómez ††

Casa
- Úrsula de Espinoza ††
- José Martín ††

Casa
- Diego Martín ††
- Miguel Limon ††
- Blas Sánchez ††
- María de Sayas ††

Estancia
- Manuel de Tovar ††
- D. Felipa de Ledesma ††
- Felipe de Villalobos ††
- María del Rio ††
- Francisco Escoto ††
- Marcelino de Arauz ††
- María de Ledesma ††

Rancho
- Pablo Ramírez ††
- María Dávalos ††

Estancia
- Nicolás Aguirre ††
- Andrea Limón ††
- Juan de Aguirre ††
- José Aguirre ††
- Pedro Aguirre ††
- Antonia Velasco †

Rancho
- D. Diego Magdaleno ††
- Mariana de Aguirre ††
- Alonso de Aguirre †

Rancho
- Ana de Mendoza ††
- Madalena de Sayas ††
- Josefa de Sayas ††
- Antonia Limón †
- María de Mendoza ††
- Alonso Martín ††
- Nicolás Aguirre ††
- Felipe Martín ††
- Micaela Limón †

Estancia
- Martín Becerra ††
- Antonia Martín ††
- María Martín ††
- Francisco Barba ††
- Francisca Martín esc. ††
- Francisca Barba esc. ††

Estancia
- Clemente Pérez ††
- Luisa de Huerta ††
- Luis López ††
- Marta Catalina ††
- Rafael López ††
- María López ††
- Juana López †
- Francisco Díaz ††
- Luis López esc. ††
- Juan Francisco †

Estancia
- Nicolás de Huerta ††
- Ana Gutiérrez ††
- Alonso de Huerta ††
- Nicolás de Huerta ††
- Francisco Núñez ††
- María González †

Rancho
- Pedro Sánchez ††
- Inés López ††
- Gonzalo de Hermosillo ††
- Juan Ortiz ††
- Bartolomé Domínguez †
- Juana de Montoya †

Rancho
- Francisco Hernández ††
- María Gutiérrez ††
- Juan de los Santos ††
- María Sánchez ††

- Francisco Sánchez ✝✝
- Bernabé Sánchez ✝

Rancho
- Alonso Sánchez ✝✝
- Bernardina de Estrada ✝✝
- Lorenzo Agundiz ✝✝
- Sebastiana Ramírez ✝✝
- Juan Ramírez ✝✝
- Juan Hernández ✝

Los Siete Pueblos de Naturales de Xalostotitlán

Barrio de Santa Cruz

Casa
- Francisco Melchor ✝✝
- María Teresa ✝✝

Casa
- Pedro Juan ✝✝
- Magdalena Juana ✝✝

Casa
- Juan de Mendoza ✝✝
- Juana de la Parra ✝✝

Casa
- Alonso Pablo ✝✝
- Ana Flores ✝✝

Casa
- Miguel Sánchez ✝✝
- Ana Flores ✝✝

Casa
- Francisco Marcos ✝✝
- Juana Vásquez Cervantes ✝✝

Casa
- Juan Ángel ✝✝
- Agustina Juana ✝✝

Casa
- Simón Gutiérrez ✝✝
- Madalena Hernández ✝✝

Casa
- Francisco de Pinedo ✝✝
- Francisca de Mendoza ✝✝

Casa
- Bartolomé Marfil ✝✝
- Catalina Elena ✝✝

Casa
- Sebastián Bernabé ✝✝
- Juana Mejía ✝✝

Casa
- José Hernández ✝✝
- María Dominga ✝✝

Casa
- Pedro Alvarado ✝✝
- María Jaloma ✝✝

Casa
- Juan Bautista ✝✝
- Juan Melchora ✝✝

Casa
- Juan Lorenzo ✝✝
- Angelina Pascuala ✝✝

Casa
- Francisco Bernabé ✝✝
- Catalina Pérez ✝✝

Casa
- Francisco Lucas ✝✝
- María Melchora ✝✝

Casa
- Antonio Juan✝✝
- María de los Ángeles ✝✝

Viudos y Viudas
- Bartolomé Marfil ††
- Juan Felipe ††
- Ana González ††
- María Justina ††
- María Jaloma ††
- Tomasa Justina ††
- Juliana Verónica ††

Doncellas
- Micaela Hernández ††
- Ana Francisca ††
- Catalina de Mendoza ††
- Luisa Gertrudis ††
- Sebastián Flores ††

De Confesión
- Marta de la Cruz †
- Vicente de Mendoza †
- María de la Cruz †
- Diego Flores †
- Josefa de Torres †
- Catalina Marta †
- Gertrudis de la Cruz †
- Diego Francisco †
- Mateo Miguel †
- Agustín Flores †
- Catalina González †
- Juana Magdalena †
- Juan García †
- Juana Lucía †
- Sebastiana Rodríguez †
- Manuela Alvarado †
- Tomás Alejandro †
- Domingo Ramos †

Barrio de San Andrés

Casa
- Miguel Sánchez alcalde ††
- Ana María ††

Casa
- Sebastián Gallegos ††
- Ana María ††

Casa
- José de la Cruz ††
- Juana Cristina ††

Casa
- Bartolomé García ††
- María Magdalena ††

Casa
- Juan García ††
- Juan Muñoz ††

Casa
- Diego Alonso ††
- Francisca Catalina ††

Casa
- Sebastián de la Cruz ††
- Mariana Lucía ††

Casa
- Pascual Francisco ††
- Inés Petrona ††

Casa
- Pedro José ††
- Mariana Lucía ††

Casa
- Marcos Hernández ††
- Francisca Agustín ††

Casa
- Agustín Jiménez ††
- Pascuala de los Reyes ††

Casa
- Juan Monte ††
- Ana Flores ††

Casa
- Francisca su marido ausente††

Casa
- Juan Hernández ††
- Marta Isabel ††

Viudos y Viudas
- Diego Martín ✝✝
- Matías soltero ✝✝
- Sebastián Damián ✝✝
- Inés Magdalena ✝✝
- Ana Beatriz doncella ✝✝
- Catalina Flores doncella ✝✝
- Agustina Hernández doncella ✝✝

De Confesión
- Francisco de la Cruz ✝
- Eusebio de la Cruz ✝
- Juan Nicolás ✝
- Miguel Cortez ✝
- Juan de Dios ✝
- Ana Petrona ✝
- Francisca Magdalena ✝
- Micaela Sánchez ✝
- Sebastiana de la Cruz ✝
- Juan García ✝
- Diego Andrés ✝
- Juan García ✝
- Lorenzo Sebastián ✝
- Diego Micaela María ✝
- Catalina ✝
- Francisca de Mendoza ✝
- Isabel Elena ✝

Barrio de San Nicolás

Casa
- Pedro Martín ✝✝
- Andrea Petrona ✝✝

Casa
- Juan Martín
- Ana García

Casa
- Pedro Simón
- Cristina de la Cruz

Casa
- Lorenzo Domingo
- Angelina Hernández

Casa
- Lorenzo Ramos ✝✝
- Ana María ✝✝

Casa
- Juan Muñoz
- Francisca Gutiérrez ✝✝

Casa
- Alonso Sebastián ✝✝
- Juana Flores ✝✝

Casa
- Juan Martín ✝✝
- María Angelina ✝✝

Casa
- Gabriel Hernández ✝✝
- Catalina Lucía ✝✝

Casa
- Luis Hernández ✝✝
- Bernardina Carrillo ✝✝

Casa
- Bartolomé Hernández ✝✝
- Inés Magdalena ✝✝

Casa
- Nicolás Juan ✝✝
- Micaela María ✝✝

Confesión
- Sebastián ✝
- María ✝
- Salvador ✝

Barrio de Santa Rosa

Casa
- Tomás de Aquino ✝✝
- María de la Cruz ✝✝

Casa
- Sebastián Hernández ✝✝
- María Magdalena ✝✝

Casa
- Francisco Felipe ††
- Justina Vara††

Casa
- Diego Felipe ††
- María Magdalena ††

Casa
- Tomás Pérez ††
- Agustina Juan ††

Casa
- Diego Hernández ††
- Agustina Tomasa ††

Casa
- Francisco de la Cruz ††
- Pascuala de los Reyes ††

Casa
- Simón Gregorio ††
- María Magdalena ††

Casa
- Juan Pascual ††
- Inés Magdalena ††

Casa
- Agustín de la Cruz ††
- María Magdalena ††

Casa
- Diego Hernández ††
- Ana Isabel ††

Casa
- Francisco Gutiérrez ††
- Ana Marta ††

Casa
- Tomás Montes ††
- María de la Candelaria ††

Casa
- Marcos de la Cruz ††
- Juana de la Cruz ††

Casa
- Baltazar Martín ††
- María Jaloma ††

Casa
- Lázaro Gaspar ††
- Magdalena Micaela ††

Casa
- Miguel Luis ††
- Pascuala Gutiérrez ††
- Simón ††

Casa
- Juan de la Cruz ††
- María ††
- Diego ††

Casa
- Agustín Sánchez ††
- Ana Martín ††
- Martín ††

Casa
- Baltazar de los Reyes ††
- María Hernández ††

Viudas
- María Magdalena ††
- Ana Magdalena ††
- Catalina Lucía ††
- Ana Marta ††

Solteros
- Sebastián Felipe ††
- Diego Hernández ††
- Sebastián Martín ††
- Cecilia de Torres ††
- Catalina ††
- Andrés Sánchez ††

Confesión
- Inés Petrona †
- Bartolomé †
- Pedro Martín †
- Petrona †
- Sebastiana Melchora †
- Ana María †
- Bartolomé Sánchez †
- María Magdalena †
- Agustín Gutiérrez †
- Felipe Francisco †
- Petrona de la Cruz †
- Pablo Pérez †
- Agustina Hernández †
- Domingo Santos †
- Juan Pérez †

Pueblo de San Gaspar

Casa
- Martín Gaspar alcalde ††
- Ana Isabel ††

Casa
- Miguel Mateo ††
- Juana Isabel ††

Casa
- Pedro Francisco
- María de los Ángeles

Casa
- Juan Ventura
- Ana Isabel

Casa
- Alonso Sebastián
- Ana Rodríguez

Casa
- Diego Jacobo
- María Ana

Casa
- Francisco Sebastián ††
- Ana María ††

Casa
- Juan Alonso ††
- María Luisa ††

Casa
- Tomás Felipe ††
- Tomasa Justina ††

Casa
- Miguel Felipe ††
- María de los Ángeles ††

Casa
- Juan Agustín ††
- María Magdalena ††

Casa
- Francisco Martín ††
- Ana Elvira ††

Casa
- Juan Miguel ††
- Ana Elvira ††

Casa
- Alonso Sebastián ††
- María Magdalena ††

Casa
- Juan Francisco ††
- María Isabel ††

Casa
- Miguel Felipe ††
- María Magdalena ††

Casa
- Diego Miguel ††
- María de los Ángeles ††

Casa
- Juan Gaspar ††
- María Magdalena ††

Casa
- Diego Gaspar ✝✝
- Magdalena Luisa ✝✝

Casa
- Pedro Manuel ✝✝
- Ana Cecilia ✝✝

Casa
- Diego Melchor ✝✝
- Justina María ✝✝

Casa
- Diego Miguel ✝✝
- Justina Luisa ✝✝

Casa
- Antonio Gaspar ✝✝
- Ana Magdalena ✝✝

Casa
- Pedro Juan ✝✝
- María Susana ✝✝

Casa
- Francisco Flores ✝✝
- María Jaloma ✝✝

Casa
- Diego Martín ✝✝
- María Magdalena ✝✝

Casa
- Juan Alonso ✝✝
- Ana Pascuala ✝✝

Casa
- Martín Vásquez su mujer ausente ✝✝

Casa
- Pedro Jacobo ✝✝
- Catalina Luisa ✝✝

Casa
- Diego Melchor ✝✝
- María Jaloma ✝✝

Casa
- José Nicolás ✝✝
- Juana Clara ✝✝

Casa
- Francisco Lucas ✝✝
- Justina Isabel ✝✝

Casa
- Pedro Jacobo ✝✝
- Micaela Pascuala ✝✝

Casa
- Pedro Francisco ✝✝
- María Magdalena ✝✝

Casa
- Juan Domingo ✝✝
- Catalina Juana ✝✝

Casa
- Juan Francisco ✝✝
- Catalina Juana

Casa
- Juan Francisco ✝✝
- Catalina Juana ✝✝

Casa
- Juan de la Cruz ✝✝
- María Magdalena ✝✝

Casa
- Juana Agustina✝✝
- Ana Cecilia ✝✝

Casa
- Juan Martín ✝✝
- María Magdalena ✝✝

Casa
- Juan Francisco ✝✝
- Juana María ✝✝

Casa
- Pedro Jacobo ✝✝
- Catalina María ✝✝

Casa
- Miguel Gaspar ✝✝
- María Jaloma ✝✝

Casa
- Juan Sebastián ✝✝
- Inés Petrona ✝✝

Casa
- Juan Miguel ✝✝
- Ana Felipa ✝✝

Casa
- Juan Francisco ✝✝
- Ana Cecilia ✝✝

Casa
- Juan Martín ✝✝
- María Ana ✝✝

Casa
- Juan Bautista ✝✝
- Petrona Luisa ✝✝

Casa
- Pedro Lucas ✝✝
- Ana Isabel ✝✝

Casa
- Juan Bautista ✝✝
- María Magdalena ✝✝

Casa
- Juan Sebastián ✝✝
- Bernardina de la Cruz ✝✝

Casa
- Juan Nicolás ✝✝
- Magdalena Luisa ✝✝

Casa
- Diego Gaspar ✝✝
- María Tomasa ✝✝

Casa
- Pedro Miguel ✝✝
- María Jaloma ✝✝

Casa
- Juan Gaspar ✝✝
- María Isabel ✝✝

Casa
- Francisco Ambrosio ✝✝
- María Petrona ✝✝

Casa
- Juan Francisco ✝✝
- María Justina ✝✝

Casa
- Francisco Diego ✝✝
- María Jaloma ✝✝

Casa
- Juan Gaspar ✝✝
- Juana Isabel ✝✝

Casa
- Francisco Martín ✝✝
- Ana Magdalena ✝✝

Casa
- Juan de Alvarado ✝✝
- María Magdalena ✝✝

Casa
- Martín Santiago ✝✝
- Ana Isabel ✝✝

Casa
- Juan Gaspar ✝✝
- María Magdalena ✝✝

Casa
- Juan Miguel ††
- Ana Cecilia ††

Casa
- Bartolomé Gómez ††
- María Angelina ††

Casa
- Diego Jacobo ††
- Ana María ††

Casa
- Pedro Gaspar ††
- Catalina Inés ††

Casa
- Diego Jacobo ††
- María Magdalena ††

Casa
- Pedro Juan ††
- María Magdalena ††

Casa
- Pedro Gaspar ††
- Catalina Inés ††

Casa
- Gabriel Sánchez ††
- María Magdalena ††

Casa
- Sebastián Bautista ††
- Catalina Verónica ††

Casa
- Miguel Ángel ††
- Catalina Juana ††

Casa
- Francisco González ††
- Magdalena González ††

Casa
- Juan Vásquez ††
- Dominga de la Cruz ††

Casa
- Pedro Juan ††
- Juana Isabel ††

Casa
- Martín Santiago ††
- Ana Isabel ††

Casa
- Francisco Martín ††
- Ana Jaloma ††

Casa
- Juan Hernández ††
- Ana María ††

Casa
- Pedro Gaspar ††
- Catalina Juliana ††

Casa
- Juan Gaspar ††
- María Rosa ††

Casa
- Francisco Miguel ††
- Ana Elvira ††

Casa
- Juan Gregorio ††
- Isabel Flores ††

Casa
- Diego Francisco ††
- Magdalena Jaloma ††

Casa
- Diego Miguel ††
- Magdalena Luisa ††

Casa
- Cristóbal Sebastián ✝✝
- María Magdalena ✝✝

Casa
- Sebastián Gaspar ✝✝
- Juana Isabel ✝✝

Casa
- Pedro Luis ✝✝
- Catalina Verónica ✝✝

Casa
- Juan Gregorio ✝✝
- Catalina López ✝✝

Casa
- Diego Andrés ✝✝
- María Marta ✝✝

Casa
- Alonso Miguel ✝✝
- Petrona Justina ✝✝

Casa
- Juan de la Cruz ✝✝
- Catalina Marta ✝✝

Casa
- Juan Vásquez ✝✝
- Isabel Justina ✝✝

Casa
- Diego Santiago ✝✝
- María Ventura ✝✝

Casa
- Melchor Gaspar ✝✝
- María Magdalena ✝✝

Casa
- Antón Hipólito ✝✝
- Francisca Magdalena ✝✝

Viudos y Viudas
- Catalina Marta ✝✝
- Juan García ✝✝
- Francisca Magdalena ✝✝
- Catalina Vásquez ✝✝
- Ana Elvira ✝✝
- Ana Juárez ✝✝
- Petrona Luisa ✝✝
- Francisca Magdalena ✝✝
- Juana Isabel ✝✝
- Catalina María ✝✝
- Lucía Bernardina ✝✝
- Juana Isabel ✝✝
- Catalina Petrona ✝✝
- Ana Juárez ✝✝
- Ana Luisa ✝✝
- Ana Magdalena ✝✝
- Isabel Justina ✝✝
- María Magdalena ✝✝
- María Jaloma ✝✝
- María Magdalena ✝✝
- María Magdalena ✝✝
- María Magdalena ✝✝
- María Magdalena ✝✝
- María Magdalena ✝✝
- Ana María ✝✝
- María Lucía ✝✝
- Juana Magdalena ✝✝
- Juana Catalina ✝✝

Muchachos y Muchachas
- Ana Magdalena ✝
- Francisco Miguel ✝✝
- María de la Cruz ✝
- Miguel Sebastián ✝
- Juan de Santiago ✝✝
- Isabel ✝
- Francisco Andrés ✝
- Catalina María ✝
- Juan Sebastián ✝
- María Pascuala ✝
- Pedro Mateo ✝
- Juana Bautista ✝
- Marcos Raymundo ✝
- María Magdalena ✝✝
- Luisa ✝
- Juana Petrona ✝
- Diego Jacobo ✝

- Francisco Sebastián †
- Pedro Gaspar †
- Juan Pascual †
- Catalina Verónica ††
- Diego Jacobo †
- Juan Damián †
- Catalina Marta †
- Catalina Juana †
- Francisca †
- Juan Gregorio †
- María Magdalena †
- Diego Pérez †
- Pedro Gaspar †
- María Josefa †
- Catalina †
- Catalina Tomasa †
- Francisco Pascual †
- Luisa Magdalena †
- María Lucía †
- Andrés Martín ††
- Juan Miguel †
- Juan Miguel †
- María Magdalena †
- María Magdalena †
- Diego Luis †
- María Magdalena †
- Pedro Francisco †
- Ana María †
- María Magdalena †
- Ana Isabel †
- Magdalena Susana †
- Pedro Francisco †
- Diego Jacobo †
- María Tomasa †
- María Magdalena ††
- María Jaloma †
- Isabel ††
- María Magdalena †
- Isabel Justina †
- Catalina Juliana †
- María Jaloma ††
- Marta María †
- María †
- Diego †
- Nicolás Domingo ††
- Lucas Pedro †
- Ana Isabel †
- Catalina Marta ††
- María Muñoz †
- Pascuala †
- María Margarita ††
- Magdalena Luisa †
- Ana Isabel †
- Juana Isabel †
- María Luisa ††
- Juan de Santiago †
- Juan Agustín ††
- María Angelina †
- María Magdalena †

Pueblo de Mitíc

Casa
- José Ávalos alcalde ††
- Ana Francisca ††
- José Sánchez ††
- Antonio de Veas †
- Sebastián de los Ángeles †
- Gerónimo de la Cruz †

Casa
- Lucas Miguel ††
- María Magdalena ††
- Bernabé de la Cruz †

Casa
- Diego Miguel ††
- Ana Lucía ††

Casa
- Bartolomé García ††
- Francisca Micaela ††

Casa
- Juan Martín ††
- Matiana Hernández ††
- Juan Hernández †
- Nicolás Hernández †

Casa
- Nicolás Francisco ††
- Felipa de la Cruz ††

- José Gómez †
- Miguel Ángel †
- Juana de la Cruz †

Casa
- Domingo Juárez ††
- Isabel de la Cruz ††
- Josefa Juárez †

Casa
- Juan Nicolás ††
- María Magdalena ††
  María Sánchez viuda ††
- Bartolomé José †
- Gaspar Ramos †

Casa
- Alonso Hernández ††
- Ana Angelina ††
- Catalina Hernández †

Casa
- Francisco de la Cruz ††
- Francisca Tomasa ††
- Antonio Vásquez †

Casa
- Diego Flores ††
- Ana Beatriz ††

Casa
- Beatriz Rodríguez viuda ††

Casa
- Francisco Gaspar ††
- Melchor de los Reyes ††
- Juan Vicente ††
- Francisca Melchora †

Casa
- Petrona Luisa viuda ††
- Pascuala Sebastiana viuda ††
- Juana Sánchez †
- Gaspar Ramos †

Casa
- Francisca Isabel viuda ††

Casa
- Baltazar de Placencia ††
- Francisco de la Cruz ††

Casa
- María Angelina viuda ††
- José Hernández †
- Miguel Ángel †

Casa
- Lucas Vásquez ††
- Beatriz Rodríguez ††
- Nicolás Vásquez †

Casa
- Pedro Baltazar ††
- María Leonor ††
- Nicolás Ángel †
- Nicolasa Leonor †
- Teresa de la Cruz †
- Pedro Baltazar †

Casa
- Diego Bartolomé ††
- María de los Ángeles ††

Casa
- Diego Domingo ††
- Petrona María ††

Casa
- Francisco Luis ††
- Clara Jaloma ††

Casa
- Miguel Sebastián ††
- Ana María
- María Hernández †

Casa
- Francisco Sánchez ††
- Petrona Magdalena ††

Casa
- Pablo Isidro ††
- Catalina Marta ††

Casa
- Juan Agustín ††
- María Angelina ††

Casa
- Diego Juan viudo ††
- Vicente Trujillo ††

Casa
- Juan Mateo ††
- María Magdalena ††
- Juan de la Cruz ††
- Miguel Ángel ††

Casa
- Gabriel Sánchez ††
- Felipa Vásquez ††
- María de Saucedo ††
- Catalina Francisca †
- José Gabriel †

Casa
- José Caldera ††
- Ana Josefa ††
- Juan Nicolás †
- Luisa †

Casa
- Pascual de los Reyes ††
- Juan González ††
- Marta González †

Casa
- Cristóbal Martín ††
- María Magdalena ††
- María †

Casa
- Juan Vásquez ††
- Juana de la Cruz ††

Casa
- Juan Bernabé ††
- Ana Cecilia ††

Casa
- Juan Ruiz ††
- Juana María ††

Casa
- Juan Aparicio ††
- Micaela de Loma ††

Casa
- Pedro Juan ††
- Catalina Hernández ††

Pueblo de San Miguel

Casa
- Francisco Gutiérrez ††
- María Jacoba ††
- Juan Ortiz ††
- Miguel Ángel †
- Pascuala Beatriz †
- Francisco †

Casa
- Juan Diego ††
- Ana María ††
- Cristóbal de la Trinidad †

Casa
- Nicolás de la Cruz ††
- Lorenza Andrea ††

Casa
- Francisco Rodríguez ††
- María Petrona ††

Casa
- Juan de la Cruz ††
- Lorenza Andrea††

Casa
- Francisco Rodríguez ††
- María Petrona ††

Casa
- Juan de la Cruz ††
- María Hernández ††

Casa
- Gaspar Sánchez ††
- Ana Lucía ††
- Sebastián Fabián †

Casa
- Miguel Ángel ††
- Juana Marta ††

Casa
- Miguel Hernández ††
- Luisa Clara ††
- Sebastiana Hernández †
- Angelina Gerónima †

Casa
- Diego Miguel ††
- Agustina Petrona ††
- Luisa de la Cruz ††

Casa
- Angelina Lucía viuda ††
- Miguel Santiago ††
- Catalina Juana ††
- Juan Miguel ††
- Domingo Hernández ††

Casa
- Francisco de Santiago su mujer ausente ††
- José Tafoya ††
- Pascuala María viuda ††
- Esteban de la Cruz ††

Casa
- Ana María viuda ††
- Melchora de la Cruz ††
- Domingo Ramos ††
- Francisco Micaela ††
- Juan Leonisio †
- María de la Cruz †

Casa
- Miguel de la Cruz ††
- María Lucía ††

Casa
- María Magdalena viuda ††
- Mateo de la Cruz ††
- Juana María ††
- Polonia de Torres †

Casa
- Blas Gutiérrez ††
- Juana Vásquez ††
- Micaela Gutiérrez †
- Cecilia Gutiérrez †

Casa
- Alonso Miguel
- María de la Cruz ††

Casa
- Miguel Bartolomé ††
- Juana Beatriz ††

Casa
- Miguel Ángel ††
- Francisca Angelina ††
- María Pascuala ††
- Isabel Susana ††
- Francisca Juliana ††
- Gaspar de los Reyes ††
- Pascuala ††

Casa
- Agustina de la Cruz su marido ausente ††

Casa
- Juan García ††
- Ana Cristina ††

Casa
- Ana Micaela viuda ††
- Diego Damián ††
- Juan Agustín ††
- Pedro Gerónimo †
- Juan Nicolás †

Casa
- Miguel Gerónimo ††
- Ana María ††

Casa
- Juan Hernández ††
- Tomasa de la Cruz ††
- María Hernández ††
- Juan Hernández †
- Agustín Hernández †
- Felipe de Santiago viudo ††
- Juan de Santiago †

Casa
- Juan Alonso ††
- Lucía de la Cruz ††

Casa
- María Lucía viuda ††
- Francisco Alonso †

Casa
- Juan Tirado
- Susana de Salazar ††

Casa
- Bernardo Valverde ††
- María Hernández ††

Casa
- Juan
- Bernardo Valverde †

Casa
- Leonor Hermosillo viuda ††
- Juan Hernández †
- Leonor de Hermosillo ††
- Francisca Hernández ††

Casa
- Juan Francisco ††
- Juana Ágata ††

Casa
- Francisco Arellano ††
- Isabel Hernández ††

Pueblo de Teocaltitán

Casa
- Francisco González alcalde ††
- Josefa Hernández ††
- Francisco Cervantes †
- Antonio Trujillo †
- Bernardina Catalina †

Casa
- Sebastián Hernández ††
- María Magdalena ††
- Ana Josefa ††
- Juana Clara ††
- Nicolás Isidro ††
- Sebastián Ramírez †

Casa
- Sebastián Hernández ††
- María Ana ††
- Juan Francisco †

Casa
- Miguel Mateo ††
- Juana Clara ††
- Josefa Martín †
- Ana Lucía †

Casa
- Francisco Sebastián ††
- María Justina ††
- Francisco de Medina ††

Casa
- Pedro Martín ††
- Beatriz María ††

Casa
- Baltazar Martín ††
- Ana María ††

Casa
- Juan Martín su mujer ausente ††

Casa
- Salvador de la Cruz ††
- Catalina Clara ††

Casa
- Nicolás de Lara ††
- Úrsula Magdalena ††
- Ana María †
- Juana María †

Casa
- Bartolomé Santiago viudo ††
- Melchora Micaela ††
- Nicolasa viuda ††

Casa
- Diego Felipe ††
- María Pascuala ††
- Manuel †

Casa
- Juan González ††
- Angelina de Peralta ††
- María Justina ††

Casa
- Alonso Mateo ††
- Leonor Hermosillo ††

Casa
- Lucas Gaspar soltero ††
- Dominga Petrona ††
- Diego Domingo †

Casa
- Juan Lorenzo ††
- Juana Clara ††
- Pascual Francisca †

Casa
- Nicolás Ramírez ††
- Elena Isabel ††

Casa
- Juan Baltazar ††
- María Isabel ††
- Dominga Felipa ††
- Juan Baltazar †
- Sebastián Hernández †

Casa
- Miguel Ortega su mujer ausente ††

Casa
- Domingo Lucas ††
- Beatriz de Torres ††
- Catalina de Mendoza viuda ††
- Domingo de la Cruz †
- José Hernández †
- Agustina María †
- Angelina de Peralta †
- Sebastián Alonso †

Casa
- Gaspar Melchor ††
- Ana María ††
- Cristóbal Sebastián †

Casa
- Juan Hernández ††
- María Susana ††

Casa
- Miguel González ††
- Catalina Juana ††

Casa
- Lucas Gutiérrez ††
- Dominga María ††

Casa
- Salvador de la Cruz ††
- Catalina Clara ††

Casa
- Baltazar Martín ††
- Ana María ††

Pueblo de Mezquitíc

Casa
- Pedro Sánchez viudo alcalde ††
- Juan Sánchez †

Casa
- Isabel de la Cruz viuda ††
- Bernabé Gaspar ††

Casa
- Juan Felipe ††
- María de la Cruz ††

Casa
- Diego Carrión ††
- Pascuala María ††
- Pascuala de la Cruz †
- Pedro Miguel †
- Juan Felipe †
- Juan Santiago †

Casa
- Alonso Hernández ††
- Clara de la Cruz ††

Casa
- Juan Rodríguez ††
- María de los Ángeles ††

Casa
- Juan García ††
- Catalina Hernández ††

Casa
- Rafael de la Cruz ††
- Marcelina Ortiz ††
- María Inés viuda ††
- Juan Vásquez †

Casa
- Juan Mateo ††
- Ana de la Cruz ††
- Juan de la Trinidad ††
- Cristóbal González †

Casa
- Diego Baltazar ††
- Melchora de los Reyes ††

Casa
- Juan Baltazar ††
- Angelina de la Cruz ††

Casa
- Juan Baltazar ††
- Magdalena María ††
- Angelina María viuda ††

Casa
- Francisco Sánchez ††
- Francisco Magdalena ††
- Ana Beatriz viuda ††
- Nicolás Sánchez †
- Luisa Sánchez †
- Ana Sánchez †
- Antonia Sánchez †

Casa
- Pedro Rodríguez ††
- Lorenza Felipa ††

Casa
- Matías de la Cruz ††
- Pascuala de la Cruz ††
- Juana Gutiérrez ††
- Clemente de la Cruz †

Casa
- Matías de la Cruz ††
- Francisca de la Cruz ††

Casa
- Francisco de la Cruz ††
- Nicolasa Martín ††

Casa
- Francisco Martín ††
- Tomasa de la Cruz ††
- Pascual González ††

Casa
- Bartolomé Rodríguez ††
- Ana María ††
- Bartolomé Rodríguez †
- Juan Muñoz †

Casa
- Ana Lucía viuda ††
- Felipe de Santiago †
- Matiana Micaela †

Casa
- Juan Camarena ††
- Juana de la Cruz ††
- Juan Baltazar ††
- Domingo López †

Casa
- Juan Cristóbal ††
- Inés Muñoz ††
- Clara Muñoz ††
- Catalina Susana ††
- Teresa Petrona †
- Sebastián Alonso †

Casa
- Baltazar Jacobo ††
- María Magdalena ††

Casa
- Gerónimo Vásquez ††
- Clara Muñoz ††

Casa
- Andrés Sánchez ††
- María López ††

Casa
- Juan Vásquez ††
- Ana María ††

Casa
- Diego Bartolomé ††
- Melchora de los Reyes ††

Casa
- Francisco Vásquez ††
- María Micaela ††

Casa
- Juan de la Trinidad ††
- Margarita de la Cruz ††
- Pascuala †
- Marcos de la Cruz †

Casa
- Francisco Juan ††
- Francisca Nicolasa ††

Casa
- Nicolás Hernández ††
- Micaela de la Cruz ††

<u>Pueblo de San Juan, naturales</u>

Casa
- Domingo López alcalde ††
- Lucía Magdalena ††
- Domingo López †

Casa
- Juan Villegas ††
- Teresa de la Cruz ††

Casa
- Baltazar Juárez ††
- María de la Cruz ††
- Andrea de la Trinidad ††
- María López †
- Salvador Lucas ††

Casa
- Miguel de la Cruz ††
- Ana Jiménez ††
- Juan de la Cruz †

Casa
- Juan Agustín ††
- María Angelina ††
- Pedro †

Casa
- Felipe Vásquez ††
- María Magdalena ††
- Blas Pérez †
- Ana Vásquez †
- María Vásquez †

Casa
- Juan Salvador ††
- Ana María ††
- Juan Miguel †
- María Inés †

Casa
- José Domínguez ††
- Felipa de la Cruz ††
- Clara Domínguez †
- Pedro Domínguez †

Casa
- Mónica García viuda ††
- José Miguel †

Casa
- Pedro Gaspar ††
- María Vásquez ††
- Ana Andrea viuda ††
- Juan Pascual ††
- Marta Isabel †
- Juana Andrea †
- Miguel Vásquez †
- Nicolasa Andrea ††

Casa
- María Margarita su marido ausente ††

Casa
- Melchor de la Cruz ††
- Elena María ††
- Sebastián de la Cruz †
- Pedro Hernández †
- Cristóbal Sánchez †
- Juan Trujillo †

Casa
- Juana de la Cruz ††
- Mateo José ††

Casa
- Domingo Juárez ††
- Juana Vásquez ††
- Juan Domingo †

Casa
- Francisco Melchor ††
- Beatriz Mónica ††

Casa
- Pedro Álvarez ††
- María Bárbula ††
- Pedro Miguel ††

Casa
- Gaspar de los Reyes ††
- Catalina Juana ††

Casa
- Matías López ††
- Pascuala de los Reyes ††
- Juan López †

Casa
- Juan Miguel ††
- Catalina Juana ††
- Gaspar de los Reyes †
- Domingo Orozco †

Casa
- Isidro López ††
- Bernardina María ††

Casa
- Juan Trujillo ††
- Gregoria de la Cruz ††

Casa
- Josefa de la Cruz viuda ††
- Juan de la Cruz †
- María de Quezada †

Casa
- Melchor de los Reyes viudo ††
- Andrés Martín †
- Lucas de los Reyes †
- María de la Cruz †
- Josefa de la Cruz †

Casa
- Tomás Ruiz ††
- Ana María ††
- Nicolasa Francisca †
- Pascuala de la Cruz †

Casa
- María Magdalena viuda ††

Casa
- Andrés Vásquez ††
- María de la Cruz ††
- Bartolomé Hernández ††
- Catalina de los Ángeles †
- José de la Cruz ††
- Juan de Silva †
- Domingo López ††
- Felipe de la Cruz †

Casa
- Juan de la Cruz ††
- Teresa de la Cruz ††
- Juana de la Cruz †
- Agustín Lázaro †

Casa
- María Flores viuda ††
- Pascual de Ávalos †

Casa
- Juan de la Cruz ††
- María Hernández †
- María Luisa †

Casa
- Juan Bartolomé ††
- Luisa Gómez ††
- Matías Gómez †
- Miguel Pérez †
- Baltazar Juárez ††
- María †

Casa
- Pedro Álvarez ††
- María Bárbula ††

Casa
- Pedro Juan ††
- María Magdalena ††

Casa
- Juan de Gamboa ††
- Juan de la Cruz ††

Casa
- Juan Gregorio ††
- Ana Jiménez ††

Casa
- Juan Vásquez ††
- Agustina de los Reyes ††
- Pascuala de los Reyes †
- Benito Vásquez †

Concuerda con su original = va en diez fojas escritas en todo; y queda en mi poder el original = Xalostotitlán mayo 6 de 1679 años = [rúbrica] Juan Gómez Santiago

Panorama de Jalostotitlán.

Padron dela feligrecia de Tecpatitlan, y Beneficio Nueuam.te eregido. que se hace en virtud de despacho de el obpo mi S.or el S.or D.r D. Juan de Santiago de Leon Garavito que lo es de este obpado de Guadalaxara. del concejo de su Magestad. &.c. va original.

Pueblo de Tecpatitlan. Cabezera de dho Beneficio. tiene en la Parrochia. Pila Baptismal

Casa. El B.r D. Joseph de Orozco Aguero Cu-ra Beneficiado Propris de dho Par-tido. Vicc.o Juez eclesiastico. en el. Juan de Orozco Aguero soltero. Do-ña Xetrudis de Orozco, y Mendoza, Doncella. Doña Mariana de Orozco, y Mendoza Doncella. Do-ña Ysabel de Orozco y Mendoza doncella. sus hermanas. Juan de Mendoza negro esclauo, Maria Magdalena loba su muger. Fe-lis de Orozco español. niño de nueue años, Joseph de leiba lobo. soltero. Juana Maria india doncella sirvientes los dos.

Indios del Pueblo.

~ Pedro Pascual, Juana Ynes su mug.r
~ Joseph saluador. ana maria su mug.r
~ fran.co Luis. maria gonzales su mug.r
~ Bartolome sanchez, Juana hortiz su mug.r
~ Juan Miguel, mariana susana su mug.r
~ Lorenzo martin. Maria Juana su mug.r
~ Juan flores, Ysabel de oliuares su mug.r
~ Juan esteuan, Ana Perez su mug.r
~ Joseph de santiago, mulato libre. lorensa Petrona.
~ Juan Perez, Catalina Maria su mug.r
~ Juan Nicolas, Pascuala Regina su mug.r
~ Juan Agustin, Juana Micaela su mug.r
~ Juan fran.co catalina Magd.na su mug.r
~ Lucas martin, Polonia angelina su mug.r
~ fran.co Juarez, Magdalena luisa su mug.r
~ Juan de estrada. M.a de la concep.on su mug.r
~ Juan agustin, ana antonia su mug.r
~ Juan Nicolas, Bernardina maria su mug.r
~ Diego Miguel, Paula Petrona su mug.r

~ Santiago flores, lorensa Petrona su mug.r
~ Diego Martin, Maria Gracia su mug.r
~ Juan Thomas, catalina Garcia su mug.r
~ Baltasar Garcia, ana maria su mug.r
~ Juan martin, Josepha maria su mug.r
~ Juan domingo, catalina maria su mug.r
~ Pedro Pablo, antonia dias su muger.
~ Anton lorenzo, Juana Ysabel su mug.r
~ Pedro lorenzo, magdalena lopes su mug.r
~ Nicolas de santillan, Regina Rangel su mug.r
~ Saluador Miguel, Josepha becerra su mug.r
~ Juan hernandez, Juana Micaela su mug.r
~ Pedro Pablo, Magdalena Melchora su mug.r
~ Miguel martin, Antonia agustina su mug.r
~ Miguel martin, Catalina de torres su mug.r
~ fran.co Miguel, francisca de oliuares su mug.r
~ Pedro flores, catalina de carbajal su mug.r
~ Blas lorenzo, Juana flores su mug.r
~ Juan agustin, Pascuala de los reyes su mug.r

Indias Viudas.

~ Ana luisa; Juana Maria; Ana Gracia: Ana Velazquez; Ysabel Ana; Martha luisa; Magdalena Juana; Ana Maria; Martha Agustina; Juana francisca

Indios Viudos.

~ Juan lorenzo; Joseph de la cruz

Indios solteros.

~ Lazaro Gutierrez; Christoual Miguel; Gaspar de los Reyes; Vicente de santillan; Joseph Nicolas; Antonio de santiago; Pascual sanchez; Pedro francisco; Juan Gomez flores; Pedro martin
~ Juan de santiago

TEPATITLÁN EN 1689

PADRÓN DE LA FELIGRESÍA DE TEPATITLÁN Y BENEFICIO NUEVAMENTE ERIGIDO. QUE SE HACE EN VIRTUD DE DESPACHO DEL OBISPO, MI SEÑOR, EL SEÑOR DOCTOR DON JUAN DE SANTIAGO DE LEÓN GARABITO, QUE LO ES DE ESTE OBISPADO DE GUADALAJARA, DEL CONSEJO DE SU MAJESTAD, ETC. VA ORIGINAL.

Pueblo de Tepatitlán, cabecera de dicho Beneficio. Tiene en la parroquia pila bautismal.

Casa

- Bachiller Don José de Orozco Agüero, Cura Beneficiado propio de dicho Partido. Vicario Juez eclesiástico en él
- Juan de Orozco Agüero, soltero
- Doña Gertrudis de Orozco y Mendoza, doncella
- Doña Mariana de Orozco y Mendoza, doncella
- Doña Isabel de Orozco y Mendoza doncella. Sus hermanas
- Juan de Mendoza, negro esclavo
- María Magdalena, loba, su mujer
- Félix de Orozco, español, de 9 años.
- José de Leyva, lobo soltero
- Juana María, india, doncella. Sirvientes los dos

Indios del Pueblo

- Pedro Pascual
- Juana Inés su mujer
- José Salvador
- Ana María su mujer
- Francisco Luis
- María González su mujer
- Bartolomé Sánchez
- Juana Ortiz su mujer
- Juan Miguel
- Mariana Susana su mujer
- Lorenzo Martín
- María Juana su mujer
- Juan Flores
- Isabel de Olivares su mujer
- Juan Esteban
- Ana Pérez su mujer
- José de Santiago mulato libre
- Lorenza Petrona
- Juan Pérez
- Catalina María su mujer
- Juan Nicolás
- Pascuala Regina su mujer
- Juan Agustín,
- Juana Micaela su mujer
- Juan Francisco,
- Catalina Magdalena, su mujer
- Lucas Martin,
- Polonia Angelina su mujer
- Francisco Suarez
- Magdalena Luisa su Mujer
- Juan de Estrada
- María de la Concepción su mujer
- Juan Agustín
- Ana Antonia su mujer
- Juan Nicolás
- Bernardina María su mujer
- Diego Miguel
- Paula Petrona su mujer
- Santiago Flores
- Lorenza Petrona, su mujer

- Diego Martin
- María Gracia su mujer
- Juan Tomas
- Catalina García su mujer
- Baltazar García
- Ana María su mujer
- Juan Martín
- Josefa María su mujer
- Juan Domingo
- Catalina María su mujer
- Pedro Pablo
- Antonia Díaz su mujer
- Antón Lorenzo
- Juana Isabel su mujer
- Pedro Lorenzo
- Magdalena López su mujer
- Nicolás de Santillán
- Regina Rangel su mujer
- Salvador Miguel
- Josefa Becerra su mujer
- Juan Hernández
- Juana Micaela su mujer
- Pedro Pablo
- Magdalena Melchora su mujer
- Miguel Martin
- Antonia Agustina su mujer
- Miguel Martin
- Catalina de Torres, su mujer
- Francisco Miguel
- Francisca de Olivares su mujer
- Pedro Flores
- Catalina de Carvajal su mujer
- Blas Lorenzo
- Juana Flores su mujer
- Juan Agustín
- Pascuala de los Reyes su mujer

Indias Viudas
- Ana Luisa
- Juana María
- Ana Gracia
- Ana Velázquez
- Isabel Ana
- Martha Luisa
- Magdalena Juana
- Ana María
- Martha Agustina
- Juana Francisca.

Indio Viudos
- Juan Lorenzo
- José de la Cruz

Indios Solteros
- Lázaro Gutiérrez
- Cristóbal Miguel
- Gaspar de los Reyes
- Vicente de Santillán
- José Nicolás
- Antonio de Santiago
- Pascual Sánchez
- Pedro Francisco
- Juan Gómez Flores
- Pedro Martín
- Juan de Santiago

Indias Doncellas Doctrineras
- Margarita María
- Ana Luisa
- Bernardina Agustina
- Catalina de Torres
- María Lucía
- Catalina de Torres
- María Asencia
- Juana María
- Catalina de Torres
- María Magdalena
- María Inés
- Catalina Juana

Indias Pequeñas de Doctrina
- Juana María
- Juana de la Rosa. Juana Ortiz
- Ana
- Isabel de la Cruz
- Lorenza Petrona
- Catalina Felipa
- Luisa Petrona
- Catalina Petrona
- Rosa María
- Manuela Petrona
- Petrona

- Juana María
- Catalina
- María
- Francisca
- Martina
- Magdalena

Indios Pequeños de Doctrina
- Gabriel de Carvajal
- Pedro Francisco
- Juan Pérez
- Francisco Jiménez
- Pablo Pérez
- Juan Pérez
- Nicolás Sánchez
- Francisco Flores
- Francisco Miguel
- Sebastián de Castro
- Ignacio Díaz
- Salvador Díaz
- Baltazar de Alva
- Lorenzo Ramírez
- Juan de la Cruz

Hay en este pueblo 38 indios casados; 10 indias viudas; 2 viudos; 11 indios solteros; 12 doncellas, todos estos comulgan. [Hay en este pueblo] 18 indias pequeñas de doctrina; 15 indios pequeños de doctrina, solo confiesan los de estas dos partidas de arriba. Tiene este pueblo grandes y pequeños, 144.

Pueblo de Acatíc Dista de la cabecera 4 leguas. Tiene Pila Bautismal.

- Francisco de Medina
- Catalina Teresa su mujer
- Melchor de los Reyes
- Melchora Cabrera su mujer
- Mateo López
- Inés Díaz su mujer
- Lázaro Gutiérrez
- María Petrona su mujer
- Francisco Lucas
- Teresa Pascuala su mujer
- Nicolás Flores
- Juana Catalina su mujer
- Gaspar Salvador
- María de la Cruz su mujer
- José Lorenzo
- Ana Inés su mujer
- Diego Alonso
- María de la Cruz su mujer
- Pedro Lorenzo
- Pascuala Leonor su mujer
- Juan Diego
- Teresa Gertrudis su mujer
- Sebastián Fernández
- María Magdalena su mujer
- Juan González
- Ana María su mujer
- Diego de la Cruz
- Melchora González su mujer
- Nicolás de Santiago
- Ana María su mujer
- Nicolás Ysidro
- Antonia de los Ángeles su mujer
- Francisco de la Cruz
- Micaela González su mujer
- Salvador de Medina
- Ana Isabel su mujer

Viuda
- Luisa González

Doncellas Doctrineras de Comunión
- Ana María
- Juana Tomasa
- Juana María
- Juana Hernández

Pequeñas de Doctrina de Confesión solo
- Antonia de los Santos
- Dominga de los Ángeles
- Ana Sebastiana

Pequeños de Doctrina que solo confiesan

- Santiago de la Cruz
- Cristóbal de Medina
- José Lorenzo
- Pedro
- Agustín González
- Juan de Santiago
- Juan Tomas
- Nicolás
- Pascual de los Reyes
- Marcos Díaz

Indios Solteros

- Lorenzo Pérez
- Juan Tomas de Luna
- Lucas de Medina
- Andrés de Santiago
- Juan Alejo
- José Ramírez

Tiene este pueblo 18 indios casados una viuda; cinco doncellas; seis solteros; 13 pequeños de doctrina; que hacen todas 61 personas, grandes y Pequeñas. 61.

Pueblo de Temacapulí, que dista de la cabecera 10 leguas. Tiene Pila Bautismal.

- Francisco Alonso
- Juana Francisca su mujer
- Martin de la Cruz
- Petrona de los Reyes su mujer
- Sebastián Pérez
- Magdalena Inés su mujer
- José Hernández
- Angelina Juliana su mujer
- Francisco Guzmán
- Clara de Mesa su mujer
- Juan Flores
- Francisca Bernardina su mujer
- Antonio Velasco
- María Rangel su mujer
- Juan Agustín
- Leonor Isabel su mujer
- Juan González
- Juana Verónica su mujer
- Francisco Sánchez
- María de la Cruz su mujer
- Lorenzo de Lomelín
- María de los Santos su mujer
- Juan Ambrosio
- María Magdalena su mujer
- Pedro Felipe
- Sebastiana Petrona su mujer
- Juan Bautista
- Ana Pérez su mujer
- Lázaro Martin
- Magdalena Francisca su mujer
- Diego de Santiago
- María Vásquez su mujer
- Rafael Ángel
- Andrea Cortes su mujer
- Juan Domingo
- Mariana Susana su mujer
- Baltazar González
- Francisca Agustina su mujer
- Diego de Santiago
- Isabel María su mujer
- Sebastián Antonio
- Catalina Juana su mujer
- Cristóbal Vásquez
- Magdalena Gutiérrez su mujer
- Francisco Alonso
- Lucia de los Ramos su mujer
- Miguel Ángel
- Magdalena Pascuala su mujer
- Francisco Tomas
- Catalina Sebastiana su mujer
- Diego Gabriel
- Juana Francisca su mujer
- Pedro Marcos
- María Agustina su mujer
- Alonso Felipe
- Catalina González su mujer
- Diego Sebastián
- Catalina Pérez su mujer
- Juan Agustín
- Jacinta de Santiago su mujer
- Francisco Miguel

- Juana Agustina su mujer
- Sebastián Fabián
- Juana Agustina su mujer
- Tomas Felipe
- María de la Cruz su mujer
- Andrés López
- Nicolasa Florencia su mujer
- Juan Pedro
- Juana Luisa su mujer.
- Ambrosio Hernández
- María Isabel su mujer
- Diego de Santiago
- Juana Pascuala su mujer
- Pedro Sánchez
- María de la Rosa su mujer
- Sebastián Pérez
- Magdalena Inés su mujer
- Nicolás Pérez
- Ana Inés su mujer
- Sebastián Fabián
- Juana Infante su mujer
- Pedro Domingo
- Francisca Becerra su mujer
- Diego Suarez
- Catalina Luisa su mujer
- Francisco Martin
- Cecilia Hernández su mujer
- Lucas Pérez
- Petrona Hernández su mujer
- Pedro Matías
- Ana María su mujer
- Juan Marcos
- Ana María su mujer
- Francisco Hernández
- Catalina Isabel su mujer
- Juan Pedro
- Juana Francisca su mujer
- Domingo Lomelín
- Micaela Francisca su mujer
- José German
- María Magdalena su mujer
- Juan Martin
- Josefa Delgadillo su mujer
- Pedro Luis
- Isabel Ana su mujer
- Lucas de la Mora
- Marcela Agustina su mujer
- Gaspar de los Reyes
- Sebastiana Elvira su mujer
- Diego Miguel
- Ana Mónica su mujer
- Gregorio Díaz
- Catalina Isabel su mujer
- Asencio Mateo
- Juana Sebastiana su mujer
- Juan Mateo
- Melchora de los Reyes su mujer
- Esteban Rodríguez
- Magdalena Lucia su mujer
- Juan de Santiago
- Inés Magdalena su mujer
- Lorenzo Martin
- Magdalena Mejía su mujer
- Lucas Pérez
- María Nicolasa su mujer
- Pedro Sánchez
- Magdalena Agustina su mujer

Viudas Indias
- María Marta
- María Polonia
- Magdalena Inés
- Magdalena Marta
- Inés Magdalena
- Ana Pascuala
- Catalina Juana
- Magdalena Inés
- María Magdalena
- Catalina Isabel
- Juana Verónica
- Magdalena de la Natividad.

Viudos Indios
- Simón de Torres
- Juan Sebastián
- Francisco Bernardino
- Mateo López
- Sebastián Fabián

Solteros Indios
- Juan Pedro
- Juan Ramírez

- Ascencio Julián
- Salvador Flores Juan Marcos
- Diego Ramón
- Juan Agustín
- Esteban Martin
- Agustín García
- Francisco Tomas
- Gaspar de los Reyes
- Andrés de la Cruz

Soltera India

- Antonia Velázquez

Doncellas Indias de Comunión y Doctrineras.

- Dominga Ramos
- Justina de la Rosa
- María Luisa
- Inés de la Cruz

Indias Pequeñas de Doctrina que solo confiesan

- Ana Pascua
- Ana Pérez
- Agustina
- Ana Beatriz
- Petrona
- Magdalena Agustina
- Isabel Francisca
- María Ortiz
- María
- Pascuala
- Isabel Ana
- Ana
- Agustina
- Juliana
- Isabel
- Juana
- Inés
- María
- Teresa
- Catalina González
- Magdalena
- Juana
- Catalina

Indios Pequeños de Doctrina que solo confiesan

- Nicolás German
- Marcos Gerónimo
- Diego
- José Salvador
- Juan de la Cruz
- Blas Hernández
- Pascual
- Lorenzo González
- Nicolás Blas
- Diego Martin
- Lorenzo
- Juan Agustín
- Juan Bautista
- Domingo
- Francisco Miguel
- Marcos
- Andrés Martin
- Domingo
- Gerónimo
- Santiago
- Nicolás
- Gaspar
- Marcos de los Reyes
- José

Hay en este pueblo casados 64 que son 128 personas; viudas hay 12; viudos hay 5; solteros hay 12; una soltera 01; doncellas hay 04, hacen todas estas personas que son de comunión 162. Pequeños de doctrina que solo confiesan 48. Hay grandes y pequeños 210 personas.

Tienen los tres pueblos 415 personas, las 321 de comunión, las 94 de confesión.

Haciendas, Ranchos y Labores Perecientes a la Feligresía de Tepatitlán

Hacienda de Mezcala de Juan González de Hermosillo, español que dista de la cabecera cinco leguas. Tiene capilla donde solo se celebra el Santo Sacrificio de la misa.

- Juan González de Hermosillo
- Doña Leonor de Carvajal su mujer, españoles
- Juan Pérez Mulato esclavo
- Magdalena Ortiz mulata libre su mujer
- Catalina de la Cruz mulata libre viuda
- Magdalena González mulata libre viuda
- Melchora de los Reyes mulata escl. soltera
- Juana de Silva mulata libre doncella
- María de Silva mulata libre doncella
- Lorenza de Silva mulata libre doncella de confesión
- Feliciana de Silva mulata libre de confesión solo
- Blas Carranza mulato esclavo soltero
- José Ponce mestizo soltero
- Bernabé Ponce y Petrona Ramírez su mujer mestizos
- Mateo Ponce mestizo soltero
- Ignacio de Medina mulato libre
- Juan Ramírez español soltero
- Juan Moya mulato libre viudo
- José Flores indio soltero
- Juan de Medina
- Inés González su mujer mulatos libres
- Sebastiana de Medina mulata libre doncella
- Magdalena de Medina mulata libre doncella
- Pascual González
- Rita Ramírez su mujer mulatos libres
- Pedro Miguel
- María Magdalena su mujer indios
- María Sebastiana india doncella
- María Isabel india doncella
- Martín Gutiérrez indio soltero
- Matías de la Cruz
- Tomasa de la Cruz su mujer indios
- Nicolás de Santiago
- María Magdalena su mujer indios
- Juan de los Reyes
- Antonia Bautista su mujer españoles
- Felipa de los Ángeles doncella mestiza
- Juan Asencio mestizo soltero
- Pedro Sánchez
- Juana Cabrera su mujer indios
- José Sebastián indio soltero
- Pedro Alejandro indio soltero

Familia de Sebastián González, español, en la misma hacienda.

- Sebastián González
- Doña Teresa de la Mora su mujer españoles
- Juana Romero mulata esclava soltera
- Bernabé González mulato libre
- Melchora de los Reyes su mujer india
- Salvador de Medina Mulato libre
- Sebastiana de la cruz su mujer india

Familia de Andrés de Alva, español, en la misma hacienda

- Andrés de Alva
- Doña Juana González de Hermosillo su mujer españoles.
- Isabel de Aragón mestiza doncella
- Damián Guzmán
- Juana de los Reyes su mujer indios
- Juan Francisco indio soltero
- Diego de Luna indio soltero

Familia de Lucas Romero, español, en la misma hacienda

- Lucas Romero
- Doña Petronila González de Hermosillo su mujer españoles.
- Cristóbal Rodríguez mulato esclavo soltero

Familia de Gonzalo García de Hermosillo, mestizo, en la dicha
- Gonzalo García de Hermosillo
- María Muñoz su mujer mestizos
- Úrsula García doncella mestiza
- Antonio González mulato libre soltero
- Thomas González mulato libre soltero

Familia de Cristóbal Muñoz, mestizo, en la dicha hacienda.
- Cristóbal Muñoz mestizo
- Petronila Ponce su mujer mestizos

Familia de María de Ulloa, española viuda, en la dicha hacienda
- María de Ulloa española viuda
- Juan de Agundis español soltero
- José de Agundis español soltero
- Leandro de Agundis español soltero
- Águeda de Agundis española doncella
- Francisco de Agundis español niño
- María de Agundis española doncella

Familia de don José Tello de Orozco, español, en la dicha hacienda
- Don José Tello de Orozco
- María de Velasco su mujer españoles
- Gertrudis de Orozco mulata libre doncella
- Doña Josefa de Orozco española doncella

Familia de Nicolás Pinto de Ávila, español, en la dicha hacienda
- Nicolás Pinto de Ávila español viudo
- Marcos Pinto de Ávila español soltero
- Nicolás Pinto de Ávila español soltero
- Melchor Pinto de Ávila español soltero
- Juan Pinto de Ávila español soltero

Rancho de San José, una legua de la hacienda de Mezcala y seis de la cabecera. Es de Esteban Gómez de Mendoza, español
- Esteban Gómez de Mendoza
- Doña Ana González de Hermosillo su mujer españoles
- María Gómez española niña su hija.
- Matiana de la Cruz mulata escl. soltera
- Juan Jaramillo
- Ángela de la Cruz su mujer mulatos libres
- María Magdalena india viuda
- Pablo Pérez mulato libre soltero
- Juan Pérez mulato libre niño

Hacienda del Salto Grande de Francisco Gutiérrez Rubio, dista de la cabecera cinco leguas
- Francisco Gutiérrez Rubio
- Doña Juana de Carbajal su mujer españoles
- Marina de Cristo negra esclava soltera
- Juan de Saavedra negro esclavo soltero
- Cristóbal Muñoz mulato escl. soltero
- Teresa Valdivia negra esclava niña
- Agustina Ramírez mulata esclava
- Domingo Barajas su marido mulato libre
- Pedro Ramírez mulato esclavo
- Mónica de la Cruz su mujer mulata libre
- Pedro Ramírez mulato libre niño
- María Barajas mulata esclava niña
- Matías de Mendoza mulato libre
- Andrea Ramírez su mujer mulata esclava
- Francisco Hernández mulato esclavo soltero
- Matías de la Cruz mulato esclavo
- Teresa Milian mulata libre su mujer
- Catalina Barrientos negra esclava soltera
- Nicolás de la Cruz mulato esclavo soltero
- Manuel de la Cruz negro esc. solt.
- Francisco Ramírez mulato esclavo soltero
- Antonio de Lomelín español soltero
- José de Carvajal mulato esclavo
- Francisca Milian mulata libre su mujer
- Juan de Carvajal su hijo mulato libre solt.

- María Milian mulata libre de confesión
- Pedro de Carvajal y
- Lucas de Carvajal mulatos libres sus hijos de confesión
- Juan Felipe indio viudo

Familia de Francisca de Mendoza, española viuda, en dicha hacienda
- Francisca de Mendoza española viuda
- Juana Ramírez española doncella
- Juan de Moya mulato libre soltero
- Catalina Becerra española soltera
- Andrés Ramírez
- María Gutiérrez su mujer españoles
- María Becerra doncella española
- María Becerra española de confesión
- Nicolás Becerra mulato libre de confesión

Familia de Miguel Gutiérrez, español, en la misma hacienda del Salto Grande
- Miguel Gutiérrez
- Doña Ana de Alva su mujer españoles
- María de la Rosa mulata esclava soltera
- Cristóbal Muñoz negro esclavo soltero

Familia de Doña Isabel de Carbajal, española soltero, en la dicha hacienda
- Doña Isabel de Carvajal española solt.
- Doña Juana Flores española doncella
- Doña Mariana Flores española viuda
- Juana de la Cruz mestiza de confesión
- Juana de Carvajal española doncella
- Antonio Cordero español niño
- María de Benavides española doncella
- Catalina González española doncella

Familia de Don Juan de la Mora, español, en la misma hacienda
- Don Juan de la Mora
- Leonor de Hermosillo su mujer españoles
- Miguel de la Mora y
- José de la Mora españoles sus hijos de confesión
- Antonia de Hermosillo española doncella su hija
- Sebastián Becerra mulato esclavo
- María de la Concepción su mujer india
- Juan Hernández indio soltero
- Miguel Pascual mulato esclavo soltero
- Magdalena Barrientos negra esclava soltera

Familia de Doña Nicolasa de Contreras, española viuda, en dicha hacienda
- Doña Nicolasa de Contreras española viuda
- Francisco Galván
- Doña Petronila de Villalobos, su mujer españoles
- Doña Micaela de Lomelín española viuda
- Nicolás Becerra, español, su hijo niño
- Juana Galindo española niña
- Doña María de Lomelín española viuda
- Doña María de Benavides española doncella
- Luis González español niño
- Juana González española niña

Familia de Baltazar Gutiérrez, mestizo en la dicha hacienda
- Baltazar Gutiérrez
- María Plasencia su mujer mestizos
- Rita Gutiérrez mestiza doncella
- Francisca Gutiérrez mestiza de confesión
- Juan Francisco indio viudo
- José de Castro
- Juana Hernández su mujer mulatos libres
- Diego Hernández mulato libre viudo
- Melchor Hernández mulato libre de confesión
- Pedro Hernández mulato libre confesión
- Leonicio de la Cruz indio de confesión

Familia de Francisco de Jaramillo, mestizo, en dicha hacienda

- Francisco Jaramillo
- Teresa de Hermosillo su mujer mestizos
- Francisca Jaramillo su hija doncella
- Manuel Jaramillo y
- Tomas Jaramillo mestizos, sus hijos de confesión

Labor de las Juntas de Sebastián Gutiérrez, español, dista dos leguas de la cabecera

- Sebastián Gutiérrez español soltero
- Juan González y
- José Gutiérrez españoles solteros.
- Leonor de Hermosillo española doncella
- Felipe de la Cruz mulato esclavo so1tero
- Domingo Gutiérrez
- Antonia de Camarena su mujer españoles

Familia de Juan Valdivia, español, en dicha labor.

- Juan de Valdivia
- Petronila Gutiérrez su mujer españoles
- Antonia Valdivia
- María Valdivia españoles sus hijas niñas.

Familia de Juan Franco de la Cueva, español, en dicha labor

- Juan Franco de la Cueva
- María Galindo su mujer españoles
- Catalina de la Cueva y
- Manuel de la Cueva sus hijos niños
- Pedro de la Cueva
- Micaela Becerra su mujer mestizos
- Francisco de la Cueva mestizo soltero
- Ignacio de la Concha
- Matiana de la Cueva su mujer mestizos

Familia de Gerónimo Becerra, mestizo en dicha labor

- Gerónimo Becerra
- Francisca de Mendoza su mujer mestizos
- Paula Becerra
- Marcela Becerra
- Andrea Becerra y
- Elena Becerra sus hijas doncellas
- Gaspar Hernández
- María Magdalena su mujer indios
- Pascual Hernández indio su hijo de confesión

Labor del Ocote de Felipe de Ledesma, español, dista de la cabecera seis leguas

- Felipe de Ledesma español soltero
- Beatriz Ramírez española viuda su madre
- José de la Torre español soltero
- Clemente de la Torre
- Isabel de la Torre
- Cristóbal de la Torre
- Jacinto de la Torre niños españoles de confesión
- María de Rojas mulata esclava soltera
- Manuel de la Cruz mulato escl. de conf.
- Antonia de Ledesma mulata libre de confesión

Familia de Juan de Ornelas, españoles, en dicha labor

- Juan de Ornelas
- Juana de Guevara su mujer españoles
- María de Ornelas española soltera
- José de Ornelas español soltero
- Francisca de Ornelas española doncella
- Clemente de Ornelas español soltero
- Rosa de Ornelas española doncella
- Alonso de Estrada
- Juliana de Castilleja su mujer mestizos
- Gabriel de Estrada mestizo soltero
- Josefa de Estrada mestiza doncella
- Félix de Estrada mestizo de confesión
- Juan de Coria indio soltero

Labor de Santa María de Nicolás de Ornelas, español, dista de la cabecera cuatro leguas

- Nicolás de Ornelas
- Margarita de Valdivia su mujer españoles
- Juan Antonio de Ornelas niño español
- Miguel del Carrizal mulato escl. soltero
- Melchora de los Reyes mulata escl. soltera
- Antonia de Ornelas española doncella
- Andrés Delgado
- Mariana de Olivares su mujer españoles
- Luis de Ornelas
- Beatriz de Hermosillo su mujer españoles
- Pedro de Ornelas
- Mariana de Pastrana su mujer españoles
- Juan Becerra mestizo
- Doña Juliana de Contreras su mujer española

Labor del Cerro Gordo de José Venegas de Torres, español, dista de la cabecera cinco leguas.

- José Venegas de Torres
- Doña Catalina del Castillo Villaseñor su mujer españoles
- Don Fernando de Zaldívar español soltero
- Mariana de Vargas española soltera
- Teresa Ramírez mulata esclava soltera
- María Ramírez mulata esclava soltera
- Tomasa Ramírez mulata esclava soltera
- Nicolasa Ramírez mulata esclava soltera
- Felipa esclava de confesión
- Pedro Ramírez mulato esclavo soltero
- Manuel Ramírez mulato escl. soltero
- María López india viuda
- Juan de Pedroza
- Felipa de Santiago su mujer mulatos libres

Labor de Marichi de Francisco Velásquez de Lara, español, dista de la cabecera seis leguas

- Francisco Velázquez de Lara
- María de Rojas su mujer españoles
- Clemente Velázquez español soltero
- Francisco Velázquez niño
- Águeda Velázquez niña
- Antonio Velázquez y
- Catalina Velázquez niños sus hijos

Rancho de Blas Velásquez, español, en dicha labor

- Blas Velázquez de Lara, Micaela de Mendoza su mujer españoles.
- Ana Becerra española soltera. Margarita Becerra niña española.

Labor del Ciego de Antonio Quintero, español, dista de la cabecera cinco leguas

- Antonio Quintero
- Josefa de Olguín su mujer españoles
- Juana de Pastrana española doncella
- Juan de Dios español soltero
- Antonio Quintero español niño
- Antonio Quintero mestizo soltero
- Lucia Sánchez mulata esclava soltera
- Juan de la Cruz mulato esclavo soltero

Labor de San Miguel de Antonio Cortes, español, dista de la cabecera cinco leguas

- Antonio Cortes
- Margarita Espejo su mujer españoles
- Juan y
- Francisco sus hijos niños
- Lorenzo Salcedo español soltero
- Domingo Hernández español soltero

Labor del Ojo de Agua de Pedro Aceves, español, dista de la cabecera seis leguas.

- Pedro de Aceves
- Margarita Gómez su mujer españoles
- Agustín Patiño español

- Juana Díaz su mujer mestiza
- Antonio Pérez español soltero
- Andrés de los Reyes
- Estefanía de Hermosillo su mujer mulatos libres
- Pedro Ferrer mulato esclavo
- Isabel Navarro su mujer mulata libre
- Thomas Bran mulato esclavo soltero
- Joaquín de Santillán mestizo soltero
- Miguel de Arellano mestizo

Estancia de San Nicolás de Martín Casillas, español, dista de la cabecera cinco leguas, tiene capilla

- Martin Casillas
- Paula de Torres su mujer españoles
- Luisa de los Reyes mulata escl. soltera
- Ignacio Casillas
- Josefa Casillas sus hijos niños

Rancho de Lázaro Casillas, español, en dicha estancia de San Nicolás

- Lázaro Casillas
- Jacinta Ramírez su mujer españoles
- Ángela Casillas doncella española
- Martin Casillas español de confesión
- Miguel Becerra
- Magdalena Ramírez su mujer mestizos

Estancia del Paso de Mezcala de Andrés Carranza, español, dista de la cabecera seis leguas

- Andrés Carranza
- Antonia Venegas su mujer españoles
- María Carranza doncella
- Juan Carranza soltero
- Bernardo Carranza
- Ana Muñoz de confesión sus hijos

Estancia de Mirandilla de Leonor de Hermosillo, española viuda, dista de la cabecera seis leguas.

- Leonor de Hermosillo española viuda
- Pedro Franco de Paredes soltero
- Alonso Franco de Paredes soltero
- José Franco de Paredes soltero
- Juan Antonio de Paredes soltero
- Cristóbal Franco de Paredes soltero
- Nicolás de Paredes y
- Rosa de Paredes de confesión estos dos últimos, todos españoles sus hijos.
- José de Covarrubias
- Leonor de Hermosillo su mujer españoles
- Bartolomé García mulato escl. soltero
- Manuel de la Cruz esclavo soltero
- Agustín de la Cruz mulato esclavo
- Francisca Magdalena india su mujer
- Diego de la Cruz mulato esclavo
- Isabel de la Cruz negra libre su mujer
- Nicolás de Moya mulato esclavo
- Juana Antonia india su mujer
- María Magdalena negra esclava soltera
- Inés de la Cruz mulata esclava soltera
- Margarita Jiménez mulata escl. soltera
- Lucas de la Cruz mulato esclavo de confesión

Labor de Los Garabatos de Juan de Salazar, mulato libre, dista de la cabecera seis leguas

- Juan de Salazar mulato libre
- Catalina Velázquez mestiza su mujer
- Nicolás de Salazar soltero
- Francisco de Salazar de confesión su hijo
- Gertrudis de Salazar su hija
- Bernarda de Salazar de confesión su hija
- Miguel Jaramillo lobo soltero
- Diego Alonso mestizo viudo
- Bernardo Godínez mestizo
- Catalina de Salazar su mujer

Rancho de dicha labor

- Diego Tavares
- María de los Ángeles su mujer mestizos
- Eusebia de los Ángeles doncella mestiza
- Juan de Dios
- Antonia Rodríguez y
- María de confesión mestizos

Labor de los Picachos de Diego de Orozco Agüero, español, dista de la cabecera dos leguas
- Diego de Orozco Agüero
- Beatriz Ramírez su mujer españoles
- Leandro de Orozco Agüero soltero
- José de Orozco Agüero soltero
- Rosa María de Orozco doncella
- Ángela de Orozco doncella
- Sebastián Ramírez niño sus hijos todos

Rancho de Diego Hernández, español, dista de la cabecera seis leguas
- Diego Hernández español viudo
- Jacinta Hernández soltera
- Juan Hernández sus hijos españoles

Estancia de San Antonio de Ana Rodríguez, española viuda, dista de la cabecera once leguas
- Ana Rodríguez española viuda
- Francisca González doncella
- Antonia González
- Juana González y
- Nicolás González sus hijos españoles de confesión los tres últimos

Rancho en el Ojo de Agua de Juan de Aceves, español, dista seis leguas de la cabecera
- Juan de Aceves
- Isabel Velázquez su mujer españoles
- Diego de Aceves español soltero
- María de la O española viuda
- Sebastián de Aceves español soltero
- Josefa Ortiz mestiza viuda.
- Antonia Díaz mestiza doncella
- Cristóbal Díaz mestizo soltero
- Ana de la O española doncella
- Thomas Antonio español soltero
- Juan Agustín indio viudo
- Diego Gómez
- María de Avalos mestizos casados
- Eusebia de Avalos mestiza doncella

Labor de San Antonio, dista de la cabecera seis leguas
- Francisco de Vargas
- María de Santiago su mujer mulatos libres
- Lázaro Gutiérrez mestizo soltero
- Cristóbal de Medina español
- Magdalena de Orozco su mujer mestiza
- Juana de Villegas mulata libre casada que a muchos años se ausento su marido y no se sabe de él
- Juan Picón
- Josefa de Santiago su mujer mestizos
- Antonio Marcos indio soltero

Estancia de Santa Bárbara que llaman Los Gatos de José de Cervantes, español, dista de la cabecera cuatro leguas
- José de Cervantes, Isabel Carranza su mujer españoles
- Joaquín de Cervantes soltero
- Juan de Cervantes soltero
- Marcial de Cervantes soltero
- Lorenza de Orozco doncella
- Petrona de Orozco doncella sus hijos españoles
- Dominga mulata esclava soltera

Rancho en labor de Tequililla de Juan González de Hermosillo, dos leguas de la cabecera
- María González mulata libre viuda.

Labor de la Cañadas de Don Gregorio Carbajal, español, dista nueve leguas de la cabecera

- Don Gregorio de Carvajal
- María de Valdivia su mujer españoles
- Gertrudis de Carvajal doncella
- Juan Antonio de Carvajal niño
- Sebastiana de Carvajal niña, sus hijos
- Toribia Gutiérrez mulata esclava de confesión
- Manuel Ramírez mulato esclavo de confesión
- Asencio de la Cruz mulato esclavo de confesión
- Nicolasa de la Cruz mulata esclava de confesión

Tiene esta feligresía de Tepatitlán de españoles, mestizos, mulatos libres, y esclavos e indios laboríos 407 personas. Son de comunión las 326; y de confesión las 81; [en total son] 407.

Que con los indios de los pueblos hacen todas las personas que hay en dicha feligresía de Tepatitlán, 822 personas.

Y con las de las familia del beneficiado que está al principio de este padrón son todas las personas que hay en el curato (salvo yerro de pluma) 834 [personas].

Con que se compone el beneficio de 415 indios e indias de los tres pueblos, grandes y pequeños.

- **De doscientos y dos españoles, hombres, mujeres y niños.**
- **De sesenta y siete mestizos, hombres, mujeres y niños.**
- **De cincuenta y siete mulatos y mulatas libres, grandes y pequeños.**
- **De cincuenta y siete esclavos hombres, mujeres y niños; mulatos y negros.**
- **De Treinta y seis indios e indias laboríos, grandes y pequeños,**
- **Que hacen la cantidad de 834 personas.**

Que así lo certifico en la manera que puedo y debo, como cura beneficiado propio de dicho beneficio y porque conste lo firmé de mi nombre en el pueblo de Tepatitlán, en nueve de marzo de mil seiscientos y ochenta y nueve años. 134 testado - no vale. *José de Orozco Agüero* Va En Seis Hojas.

A NUESTROS VICARIOS Y BENEFICIADOS Y REVERENDOS PADRES DE MINISTROS DE DOCTRINA =

Con el despacho incluso que va con esta, reconocerán vuestras mercedes y paternidades reverenciadas su contenido, que es muy del agrado de su Majestad (que Dios guarde) como en sus reales cedulas, que se expresan en el libro 13, titulo 14, de la Nueva Recopilación de las Indias, lo manda; y así, luego que cada uno de vuestras mercedes y paternidades reverenciadas lo reconozcan, sacaran un tanto autorizado de él, para que pase el original sin detenerse a otra feligresía, conforme al derrotero que abajo ira expresado, y cobrando recibo del que se le sigue y al pie de dicho tanto certificarán vuestras mercedes y paternidades reverenciadas lo que le vale a cada uno su Beneficio o Doctrina, así de renta en la real caja de su Majestad, como demás derechos y emolumentos que percibir pudieren; y hagan vuestras mercedes y paternidades reverenciadas la lista o padrón que su Majestad pide en dichas reales cedulas y mandamos en dicho nuestro despacho, con toda la claridad y distinción posible, y lo demás que en él se expresa; y esperamos en la mucha lealtad de vuestras mercedes y paternidades reverenciadas pondrá en debida ejecución la voluntad de su Majestad. Dios guarde a vuestras mercedes y paternidades reverenciadas muchos años. Guadalajara, y diciembre 2 de 1688 años. Juan Obispo de Guadalajara – Por mandato de su Señoría Ilustrísima el Obispo mi Señor. – Don Juan Antonio Ciprés Secretario y Notario Mayor – Doctrina de Salatitlá – Doctrina de Tonalá – Beneficio de Xonacatlán – Beneficio de Tepatitlán – Beneficio de Xalostotitlán – Beneficio de Nochistlán – Beneficio de Teocaltiche – Beneficio de Lagos – Beneficio de Aguascalientes – Beneficio del Monte Grande – Ciudad de Zacatecas – Beneficio de Panuco – Beneficio y Doctrina de Sierra de Pinos – Doctrina del Venado Doctrina de Charcas – Doctrina del Río Blanco – Misión de San Antonio – Misión de San Bernardino – Misión de San Cristóbal – Doctrina de la Villa Cadereita – Ciudad de Monte Rey, beneficio y Doctrina – Doctrina de San Gregorio Serralbo – Misión de San Nicolás de Hualegas – Vuelve a la ciudad de Monte Rey – Beneficio de la villa del Saltillo – Doctrina de San Esteban de Tlascala – Santiago de la Monclova y sus misiones – Misión de San Pablo y de Nadadores – Vuelve a la villa del Saltillo – Beneficio del Mazapil y el cura beneficiado del, remita el derrotero a la Secretaría de Gobierno de este obispado, donde cobrara recibo de haberlo entregado para su resguardo. Fecho Ut Supra.

Nos, Don Juan de Santiago de León Garabito, por la gracia de Dios y de la Santa Sede Apostólica, obispo de Guadalajara, Nuevo Reino de la Galicia, de León, y provincias del Nayarit, Californias y Coahuila, del Consejo de su Majestad, etc. Por cuanto por leyes reales expresas en el libro 13, título 14, de la nueva recopilación de las Indias, se nos encarga demos cuenta a su Majestad, que Dios guarde, así de lo que montan las rentas y frutos que debemos percibir, como de todos los demás emolumentos anexos a la dignidad; y también de lo que importan los de nuestras iglesias, beneficios y doctrinas; y que las remitamos en la primera ocasión que se ofrezca y sucesivamente por duplicado. Y así mismo, nos está encargado en dichas leyes reales demos cuenta a su Majestad de los lugares, beneficios, doctrinas, parroquias y pilas, sus distancias, forma de terreno, numero de feligreses, españoles e indios, y, el cuidado con la educación y enseñanza; demos la forma d presentaciones, cuales son de clérigos y cuáles de regulares, y de que ordenes; y finalmente, que demos razón individual de todo lo preciso, para que con entera noticia de su Majestad la providencia conveniente. Y al presente hemos recibido carta del excelentísimo señor marques da los Vélez, Presidente del Real Consejo de las Indias, su fecha en Madrid, a 25 de junio de este presente año de ochenta y ocho, en orden al precitado cumplimiento de dichas reales cedula. Por tanto, y para que la voluntad de su Majestad tenga ejecución debida, mandamos se haga despacho derrotero por las cinco veredas de este obispado, cometiendo a los Vicarios, curas y beneficiados y a los padres ministros de doctrinas de el para qué sacando cada uno por lo que le tocare, testimonio a la letra de dicho despacho autorizado con su firma, a donde no hubiere notario, al pie de él certifiquen y autoricen con su firma, y la del notario donde lo hubiere, lo que le vale a cada uno sus iglesias y beneficios o doctrinas, asé de salarios en la real caja, como de obvenciones y demás emolumentos que percibir pudieren. Y así mismo, forme padrón o lista con toda distinción de individualidad y claridad, con bastante noticia de todos los lugares, beneficios, doctrinas, parroquias y pilas que cada uno tuviere en su partido; sus distancias, forma de terreno, numero de feligreses, especificado si son beneficios de clérigos o doctrinas de religiosos, y de qué orden; y hecho todo, nos lo remitan con toda brevedad para remitirlos a su Majestad en la primera ocasión, como por dichas leyes reales lo manda. Y para que todo lo dicho tenga debido cumplimiento, mandamos dar y dimos el presente en la ciudad de Guadalajara, a dos días del mes de diciembre de mil seiscientos y ochenta y ocho años. Juan, obispo de Guadalajara. – Por mandato de su Señoría Ilustrísima el Obispo mi Señor. – Don Juan Antonio Ciprés Secretario y Notario Mayor – Concuerda con su original que remití a la feligresía de Xaıostotitıán, según el derrotero, que al verlo sacar, corregir y concertar fueron testigos el Capitán Diego de Orozco Agüero y José González, vecinos del de dicho pueblo. Y lo firme para que conste. En Tepatitlán, en 12 días del mes de enero de mil seiscientos y ochenta y nueve años, como Cura Beneficiado propio de dicho Partido. José de Orozco Agüero

En el pueblo de Tepatitlán, en quince días del mes de febrero de mil seiscientos y ochenta y nueve años, bachiller don José de Orozco Agüero, cura beneficiado propio del pueblo dicho de Tepatitlán y nuevo curato vicario juez eclesiástico en él por el ilustrísimo y reverendísimo señor doctor don Juan de Santiago de León Garabito, obispo de la Nueva Galicia, del consejo de su Majestad, de mi Señor, etc.; en conformidad del despacho de derrotero que va por cabeza, cumpliendo con la obediencia que a él se debe según su tenor, certifico en la manera que puedo y debo y no en más, que el referido curato de que como llevo dicho me hallo actual cura propio, se compone del número de feligreses, pueblos, estancias y ranchos, labores, iglesias, capillas aprobadas y pilas bautismales que constara por el padrón que ira con este despacho hecho por mí con el cuidado y vigilancia que acostumbro todos los años, así por lo mandado por los ilustrísimos señores obispos de este obispado, como para el mejor conocimiento de mis ovejas y exacta providencia del cumplimiento del anual precepto, educación y enseñanza de la doctrina cristiana a que me refiero. Y por lo que mira a los emolumentos y congrua que por razón de dicho cura tengo y percibo de dicho curato me parece que un año con otro llegara dicha congrua a cuatrocientos pesos en esta forma, ciento y treinta pesos en plata en la real caja de su Majestad de la ciudad de Guadalajara; de misas de cofradías en los tres pueblos, una cada mes por los cofrades vivos y difuntos de ellas, y fiestas que se celebran en los dichos tres pueblos, cien pesos; de matrimonios (y entierros conforme al arancel de este obispado) candelas y capillas de los bautismos doscientos y setenta, que van a decir poco más o menos y que hacen la dicha cantidad de cuatrocientos pesos. Y para que conste, según el mandato de su señoría ilustrísima, lo firmé de mi nombre y rúbrica acostumbrada, y lo remito a su señoría ilustrísima, dicho señor obispo de este obispado. Cumplí. Testado, no vale = Los enmendado no vale. Don José de Orozco Agüero

ANEXO

RELACIÓN O DESCRIPCIÓN DEL CURATO DE NOCHISTLÁN Y OTROS PUEBLOS, CON SU PADRÓN [DE 1651].

En diez y siete días del mes de noviembre de mil seiscientos y cincuenta y un años, en virtud de la Cédula y Real provisión de nuestro Católico Don Felipe, Rey de las Españas, que prospere victorioso el cielo, dada en Madrid el año de mil seiscientos y cuarenta y ocho, remitida al Ilmo. Señor Don Johan Ruiz Colmenares meritísimo Obispo de la Nueva Galicia y Nuevo Reino de León y del Nayarit, en orden a que se haga un mapa o descripción para dar cuenta cada de los que le toca en su Feligresía y Partido con declaración de la distancia que hay de los pueblos agregados a la cabecera como se verá por el número y letra.

En el pueblo de Nochistlán en este dichoso día, mes y año, el licenciado Antonio de Llamas, hijo legítimo de Antonio de Llamas y de Mariana de Ayala, naturales de la ciudad de Guadalajara, cura Beneficiado de este partido Interino por causa de haber cegado el propietario que los es el Licenciado Francisco Luján, criollo de la ciudad de Nuestra Señora de los Zacatecas;

Digo que la Cabecera de este Partido es el pueblo de Nochistlán, de indios de la nación Tocha, los cuales tienen colocado un templo que por su advocación se llama y tiene por nombre San Francisco de Nochistlán, que por haber sido en sus principios de los religiosos de San Francisco, tiene este nombre, que corriendo el tiempo a ser vino de los hijos de mi padre San Pedro Gómez de Colio, Arcediano que fue después de la Santa Iglesia y Catedral de Guadalajara, que es la mayor noticias que se ha hallado en los tiempos presentes.

Es este templo de piedra cubierto con madera, muy capaz, con todo lo necesario en él para celebrar la misa. Y un retablo muy decente con dos colaterales y colocado en él el Santísimo Sacramento; que para el sustento de lo necesario una cofradía impuesta en la caridad de los pobres naturales que unánimes y conformes cultivan y siembran maíces para lo necesario de sus festividades; tiene así mismo un hospital y capilla cuya advocación es de la limpia Concepción que está la Cofradía impuesta a las limosnas // 2vuelta // que esto naturales recogen en sí; y de ella hacen su festividad con misa y procesión, dando de estipendio al Cura cuatro pesos, y por la celebración del día del Corpus Christi, dan lo mismo.

Sirve este hospital para acoger pobres, sacerdotes y naturales enfermos. Son la cantidad de indios de confesión y comunión y de pequeña edad: 110 casados, viudos 31, de pequeña edad 289, como consta de el Padrón que va al fin de ésta.

Es el ejercicio de esto naturales sembrar sus sementeras de maíces con que pagan el tributo a Su Majestad.

Acuden todos los días festivos a su rezado, con asistencia de su ministro y autoridad de su Alcaldía Mayor, que en faltando alguna cosa en sus oraciones, se le entrega a la justicia secular para que les castigue; después de tomada cuenta, se les dice su misa.

Está poblado este pueblo al pie de una sierra que sale de María Santísima de los Zacatecas y corre de norte a poniente.

No se ha hablado en el tiempo presente que estos naturales sean hechiceros, ni menos tengan pacto con el demonio ni usen de yerbas malas. Sólo diré que las tienen aplicadas las que ellos conocen para su sanidad como son el maguey, la pipazagua, la yerba de Santa María, el natalista que sirve de purga; el estafiate, la plateada, el acote, que todas estas yerbas son conocidas y su calidad no refiero por ir en otras relaciones.

Los frutales de este puesto son duraznos y tunas. El temple de este puesto es frio.

Mira la puerta de su iglesia al norte. Cércale por una y otra parte dos arroyos que bajan de la referida sierra, que es su corriente de norte a sur y se van a juntar a un rio que llaman el Río Verde, que su nacimiento de norte a poniente.

La mayor noticia que se ha hallado en cuanto a la conquista de este puesto, dicen algunos hombres ancianos que de oídas a sus antecesores saben que fue el conquistador de este pueblo el Capitán Diego de Ibarra, minero cuantioso en plata de la ciudad de María Santísima de los Zacatecos.

Hay de este pueblo a la ciudad de Guadalajara, veinte leguas y atraviesa un camino de esta ciudad a la de los zacatecas, cincuenta leguas de distancia.

Son las chozas de estos naturales de tapia la pared y la cubierta de paja.

La enseñanza de los niños indios de este pueblo, de leer y escribir toca a los cantores que // 3 // por la mayor parte deprenden este arte si no es para cantar.

Como media legua de este puesto a la orilla de un arroyo vive un hombre español llamado Johan Duran, casado con Regina de Aguayo. Tiene por hijos a cuatro varones y dos hembras las cuales son casadas con ....[en blanco] así mismo en este mismo puesto vive Johan de Yrungaray natural de la provincia de Huipuscoa, y val de Oyarzo en Vizcaya, casado con Ana de Aguayo, tiene cuatro hijos de pequeña edad. Sirve el puesto de sembrar maíces.

Más a la parte norte, tres leguas de esta cabecera en una sierra esta una estancia de trigo de un hombre llamado Antoño [sic] de Aguayo, casado con Luisa de Yslas, naturales de este valle y sus hijos son [en blanco].

Sustentase esta hacienda de un arroyo que corre de norte a sur. Las arbolarás de este puesto son sauces y robles.

Por la parte del oriente dos leguas de este puesto y pueblo está otra estancia de ganado vacuno y caballada de un hombre llamado Johan de Rentería casado con Isabel Calderón. Tiene por hijos a Johan Delgadillo casado con María de la Concepción y por nietos a Diego Delgadillo casado con Petrona de Islas; y tiene por hija una niña de pecho. El otro nieto del dueño de esta estancia se llama Johan Delgadillo naturales de este valle. Y demás criados y sirvientes como parece en su padrón.

Susténtase esta estancia de un arroyuelo que corre de norte a sur y en este puesto hay mucha cantidad de roble.

De esta cabecera una legua, al pie de una montaña está una estancia cuyo dueño de ella es un hombre español llamado Diego González, casado con Cecilia de Sandoval, criollos de este valle. Tiene ocho hijos varones y una niña, todos de pequeña edad. Es esta estancia de ganado mayor, yeguas y labor de maíz.

Tiene su poblazón en las orillas de un río muy ameno, mucha sauceda un monte de pinos y robles. Corre este río de norte a sur. Críanse en estas barrancas y en la vega de este río feroces leones y en este pueblo sucedió con el referido // 3 vuelta // Diego González un caso que buscando un día sus ganados, topó en lo alto de un peñasco un león el cual encarnizado juzgó hacer presa y se abalanzó con lo valiente de su cuerpo e hizo a sus manos pedazos una gruesa pica de roble, y faltándole a este hombre las armas se llegaron a los brazos a luchar, si bien le dio el león al hombre diez heridas con manos y pies despojándole de su vestiduras y por ultimo con la boca el feroz animal, le cortó todas las venas por la sangradera del brazo derecho, que a tener armas juzgó, que en la lucha quedara el animal del peligro se volvió a sus peñas, si bien el dicho González puesta la herida en la boca de su brazo se fue a su choza y después cuatro vecinos españoles fueron a buscar al león y le quitaron la vida, que de lo dicho se pueden dar bastantes informaciones, por lo público y notorio que sólo por hazaña he querido contar esta verdad y hecho de los criollos de estas tierras, que podrá ser que por la advertencia, puede dar en otro lance ánimo a un pecho español y quedar libre en el peligro y restaurar su vida como la restauró el contenido si ninguna lición [sic].

Tres cuartos de legua de esta cabecera en una cañada hacia la parte de el poniente está una labor de una viuda llamada Catalina Cortés mujer que fue de Johan de Sandoval y tiene por hijos a Johan de Sandoval casado con Luis de Delgadillo y a Diego de Sandoval casado con Marta de Delgadillo con cinco hijos de pequeña edad; con más son hijos de la dicha viuda Gerónimo y Nicolás y Melchor, casado el Nicolás con

Magdalena González. Tiene su posesión a la orilla de un arroyo que corre de oriente a poniente.

Media legua de este puesto, el arroyo arriba está otro rancho de un hombre español llamado Johan Lozano casado con Josefa de Sandoval y tiene tres hijas y un hijo de pequeñas edades.

En este puesto una labor y hay en ella algunas vacas que llaman de ordeña. Hay otro ranchuelo media legua de este pueblo hacia la parte del norte, de una mujer española viuda que fue mujer de Miguel Rodríguez // 4 // naturales de este pueblo tiene hijos de confesión y comunión seis y de edad pequeña cuatro, vive a la orilla de un arroyo de agua zarca y corre de oriente a sur. Tiene un pedazo de tierra donde siembra su maíces, con un pequeño rebaño de vacas. Acude los días festivos como todos los vecinos a la misa de esta cabecera.

Dos leguas de este pueblo y cabecera hacia la parte del norte a la orilla de un arroyo de agua zarca en la ribera de esta sierra referida, está un Asiento y poblazón y una estancia de ganado mayor cuyo dueño de ella es Johan Méndez de Ávila casado con María Rodríguez y tiene habidos en su matrimonio.... [en blanco]

Es el puesto muy vistoso de peñascos, cría en él ganado mayores y caballada. Es natural de la provincia de Mechoacán en la Nueva España.

Y seis leguas de esta cabecera hacia la parte del norte está un pueblo de indios de esta feligresía llamado Tenayuca de la nación de Tocha. Tiene colocada una iglesia cuyo titular es la Magdalena, y tiene una cofradía de Nuestra Señora de la Limpia Concepción y se celebra su festividad el día de esta Santa. Está a título esta cofradía, de unos maíces que estos naturales siembran para el fomento de sus fiestas; también celebran otra festividad de la presentación de Nuestra Señora y tiene en el discurso del año otras festividades; y dan de estipendio por cada una fiesta cuatro pesos por misa y procesión.

Acuden estos naturales los días señalados de fiesta a la cabecera a misa y a su rezado. Es la cantidad de estos naturales de confesión y comunión 15 casados, 23 viudos y de pequeña edad 26.

Mira la puerta de su templo hacia el poniente. Tiénenle aderezado y limpio con la decencia debida.

Ocúpense estos naturales en llevar a vender sus semillas que tienen de su cosecha de maíz y frijol a la ciudad de Zacatecas.

Está metido este puesto entre dos barrancas y por medio de ellas pasa un pequeño arroyuelo que es su corriente de norte a sur. Las frutas de este puesto son duraznos e higos y tiene muchas maderas con que hacen sus pajizas chozas //4 vta. //

Tres leguas de este puesto y cabecera hacia la parte del oriente está un pueblo de indio de este partido y de la misma nación Tocha llamado Apulco, y en él un templo cuya advocación es del Apóstol San Pedro. Y con más tienen impuesto en este templo una cofradía de Nuestra Señora de la Limpia Concepción que lo general todos los indios de este Reino y Nueva España son íntimos devotos de esta Santísima Señora. Tienen impuesta esta cofradía en lo que demás referidos arriba hacen las idas de su festividad su fiesta y la del Apóstol San Pedro, dando a su cura por una y otra fiesta ocho pesos reales.

Ocúpanse estos naturales para pasar sus vidas en sembrar maíces.

Mira la puerta de su templo a la parte del poniente. Tienen su templo con la decencia debida. Son los vecinos de este lugar casados, solteros y pequeños 55.

Carecen estos naturales de leña por ser tierra estéril. De este género viven a la orilla de un arroyo, entre dos lomas. Tienen en su ribera aqueste arroyo y amenos sauces y es su corriente de norte a sur.

Arriba de este arroyuelo, como una milla de él está una laborcilla hacia la parte norte y en él vive un hombre español llamado Juan Rodríguez de Frías, casado con Gertrudis de Anaya, naturales de estas tierras y tiene ocho criaturas; 4 varones y 4 hembras. Tiene en este mismo puesto un pequeño rebaño de ovejas y ganado vacuno para criar y sustentarse así y a sus obligaciones. Sustenta sus ganados de las aguas que el referido arroyo tiene.

Más arriba de este puesto a las orillas de este arroyo está una estancia. Con una legua de este pueblo está una hacienda de ganado mayor cuyo dueño de ella es un español natural de los Reinos de Castilla, llamado Antoño de Luna, casado, vecino del partido de Teocaltiche y feligresía. Tiene en su casa los sirvientes que parecerán en el padrón del partido de Teocaltiche. Son los ganados de este puesto vacuno y tiene en él su caballada.

Del puesto de Apulco, hacia la parte del oriente como una legua está un pueblo cuyo nombre es Huejotitán cuyo cura es el beneficiado de Teocaltiche. // 5 vta. //

Dos leguas de esta cabecera y pueblo de Nochistlán hacia el norte del oriente está otro, pueblo de esta feligresía cuyo nombre es Toyagua y en él dedicado un templo, cuyo título y nombre es San Lucas, e impuesta en él una cofradía de la Limpia Concepción que estas naturales fomentan con un rebaño pequeño de ovejas y la ordinaria de sembrar sus maíces. Hacen dos festividades en el año que es la de San Lucas y otra de la Limpia Concepción, y dan en estipendio ordinario a su cura 4 pesos casa festividad.

Son estos naturales de la nación Tocha y los vecinos que en él habitan son casados, solteros y pequeños; 33 casados, 13 viudos y de pequeña edad 80.

Es el templo de este pueblo con los demás de este partido frío.

El entretenimiento de estos naturales es sembrar maíz para sustentarse y el tiempo que tienen libre de este ministerio acuden con trabajo a servir a los estancieros por tener con que pagar los reales tributos.

Tienen un pequeño templo de cal y canto y mira su puerta al norte; tiénenle limpio y en él una hechura de Nuestra Señora de estatura de 3 cuartas, en quien los naturales de este tienen librado su remedio porque hallan obrar Dios por esta imagen algunos milagros, como es público y notorio que en las minas de Guadalcázar llegó esta Señora hará tiempo de 3 años, a pedir una limosna, y en la ocasión presente estaba un muchacho de 3 años, y estando atados 2 machos cerreros a un poste picó el muchacho a uno de ellos con una caña la que en las manos tenía, y arrancando el poste los dichos machos y entre los dos lazos le cogieron al muchacho por el pescuezo y le machacaron la cabeza y llevaron tras sí como un tiro de arcabuz a esta pequeña criatura. Y a la oración y llanto que sus padres hicieron a esta devota imagen permitió Dios por intercesión de su madre, dar vida a este niño y quedar sano sin lesión alguna, cuyas certificaciones están en este puesto en el libro de su cofradía de dos sacerdotes firmadas, curas del puesto de Guadalcázar en el Reino de la Nueva España. Tiénese esta Santísima imagen en este puesto con la devoción y decencia debida.

Está este // 5 // puesto en una profunda barranca de altas peñas cercado, y en este medio de la barranca corre un río no muy caudaloso de que se sustentan esto naturales.

Son las frutas de este puesto durazno e higos y muchos magueyes de que se hace un género de brebaje con que estos naturales se embriagan.

Corre este río de norte a sur.

No se sabe que esto naturales usen idolatrías ni tengan pacto con el demonio aunque están metidos en esta barranca, antes acuden a la obligación de cristianos con su rezado y misa.

A la orilla de este río y en esta misma barranca, el río debajo de este puesto, está un rancho cuyo dueño es un hombre español casado llamado Johan Yáñez con María de Medinilla y tiene por hijos e hijas seis varones y 9 hijas y seis nietos varones, precedidos de una hija viuda como parecerá por padrón que va al fin de ésta.

Sirve de la labor este puesto y se tiene en él un rebaño de ganado mayor, muy pequeño para sustentarse. Vive a las orillas de este río y está distante de este pueblo de Toyagua media legua. Llámase este puesto [¿?]palco.

De este mismo puesto como dos leguas está una estancia cuyo nombre es las Cuevas, y es el dueño de esta estancia una mujer española llamada

Melchora de los Reyes, viuda, mujer que fue de Luis Delgadillo. Está en las orillas de un arroyo este puesto de muy poca agua zarca. Críase en esta estancia ganados mayores y caballada. Tiene por hijos 5 varones 4 hijas como parecerá en el padrón. Corre este arroyuelo de norte a sur.

En el mismo río de Toyahua arriba referido, distante de la cabecera 4 leguas, está otro puesto llamado la Media Luna cuyo dueño es Jhoan de Chávez Salguero, español, casado con Francisca Siordia, y tiene por hijas, la una casada con Nicolás Ramírez de Rosales natural de la ciudad de los Ángeles de la Nueva España. Sirve este puesto de labor de maíz y cría de caballada. // 6 //

Como cuarto de legua de este mismo puesto, a las orillas de este río, metido más al sur, esta otro rancho cuyo dueño es Jhoan de Morones, casado con Isabel de Vellosillo, tiene dos hijas de pequeña edad y así mismo un nieto, casado llamado Jhoan de Huerta, y su mujer María Morones. Sirve este puesto de cría de ganados mayores. Está este puesto en una barranca a orillas de este río.

Tres leguas de esta cabecera hacia la parte del sur, está otro pueblo de indios, y entre ellos algunos españoles y su nombre es Misquiticacan. Tiene un templo muy capaz que sólo ha quedado de los tiempos pasados. Estas memorias de este templo por haber sido este pueblo de lo más poblado que sólo tiene por nombre en estos presentes tiempos es Misquiticacan, y en tiempos antiguos llamaban el Perú Chiquito. Es su advocación San Marcos e impuesta una cofradía de la Limpia Concepción a cuya advocación tienen estos naturales una capilla con título de Hospital, de lo más antiguo, que certifican ser así, por causa de tener este Hospital una hechura de la Limpia Concepción en un lienzo de muy buena disposición, que en lo elegante de sus pinceles se juzga ser hechura y obra de los Ángeles del cielo; y en la contemplación de todos los que le ven, coligen presto sus pinceles el primer pintor que pintó a esta Santisima Señora. Tienen esto naturales para el servicio de esta imagen impuesta una cofradía a título de un rebaño de vacas con otro de ovejas. Celebran su día y dan de estipendio por la fiesta a su cura, 4 pesos. Hacen los mismo el día de San Marcos.

Son estos naturales de la nacion Tecueja [Tecuexa]. Ocúpanse en sembrar sus sementeras y al tiempo de cuaresma van a pescar a un río que está de este puesto hacia la parte del oriente, una legua es el Río Verde. Nace en las vertientes de una villa 15 leguas de este puesto llamada Aguascalientes y es su corriente de norte a poniente. Está en una profunda barranca y va a encontrarse // 6 // con el río grande que viene de la Nueva España y atraviesa este Reino de la Nueva Galicia. Críase en este río un género de pescado que llaman truchas y bagres. Susténtanse esto naturales con la pesca de este río. Son sus frutales de este pueblo membrillos y duraznos. Corre un arroyo de poca agua por la orilla de este pueblo y su corriente es de norte a sur. Viven en este pueblo de esto naturales algunos españoles que antiguamente había en este puesto. La mayor parte de la población de españoles viven en él las personas siguientes: Jhoan de Estrada, casado con Catalina Rodríguez y tiene ocho hijos y dos hijas cuyo nombre se hallará en el padrón que va al fin de ésta.

Jerónimo González, casado con doña Elvira de Carbajal y Ulloa con dos criaturas huérfanas que han criado.

Jerónima de Benavides, mujer viuda con dos hijos y una hija casada con Diego de Padilla, y de su matrimonio 4 niños de pequeña edad, 2 niños y dos niñas.

Así mismo vive doña Jhoana de Lomelín hija de Carlos de Lomelín, difunto natural de los Reinos de Castilla, en la provincia y Reino de Génova (sic); es viuda, mujer que fue de don Rodrigo de Carvajal y Ulloa, con tres hijas de confesión y comunión y dos pequeños niños.

Vive en este puesto otra mujer viuda llamada María de Benavides, y tiene dos hijos varones y dos hijas, la una [Juana de Lomelín] viuda y la otra [María de Lomelín] casada con don Nicolás de Contreras, criollo de la Ciudad de México en la Nueva España. Y de su matrimonio dos pequeñas niñas y en su casa 4 huérfanos, 2 niñas y dos niños.

Vive en este pueblo Catalina Cortés y tiene por hija a Andrea Cortés ambas viudas con una hija y dos hijos como aparece en el Padrón.

Distante de este pueblo a una vista está una laborcita de un hombre llamado Jhoan de Carbajal, casado con Jacinta Yáñez y tiene ocho hijos, 5 varones y 3 hijas de pequeña edad // 7 //

En este mismo puesto y labor vive un hombre español casado con María Rodríguez y tiene de su matrimonio 5 hijas y dos hijos varones. Es la labor de maíz, llámase el dueño Lorenzo Yáñez, tiene un rebaño de vacas y ovejas y goza de las aguas del pueblo de Misquiticacan.

Tiene este pueblo de Misquiticacan una ciénega en las riberas del pueblo. Dese que el primer conquistador que le ganó fue el Capitán Jhoan de Rubio y sus primero pobladores fueron Pedro Cortés y Diego de Benavides, naturales de los Reinos de Castilla, son los indio naturales de este pueblo por todos chicos y… [en blanco]

Una legua de este pueblo de Misquiticacan y cuatro a la cabecera de este partido hacia la parte del oriente está un rancho cuyo nombre es San Joseph, de ganado mayor cuyo dueño es Lucas de Lomelín casado con Josefa Vázquez, vive a la orilla de un arroyo de agua zarca y tiene su corriente de norte a sur.

Media legua de este rancho de San Joseph hacia la parte del sur está otro rancho de ganado mayor y cría de yeguas, y vive en él un hombre español llamado Domingo de Lomelín casado con Jhoana de Mendoza, y tiene por hijos 4 varones y 2 niñas de pequeña edad, y una esclava mulata con otros 3 niños chicos y de edad pequeña.

Susténtase este rancho de unos ojos de agua que nacen al pie de una loma, de duros pedernales.

De este pueblo de Misquiticacan una legua hacia la parte del sur está una labor de trigo y maíz de un hombre español natural de este pueblo, viudo, cuyo nombre es Lorenzo Mejia, tiene ocho hijos varones, el mayor casado con Dorotea Juárez y de su matrimonio un hijo pequeño, más tiene el dicho Lorenzo Mejía otros tres hijos de pequeña edad.

Vive a la orilla de un arroyo que es su corriente de norte a sur y con estas aguas riega su labor de trigo.

Entre este arroyo en el río Verde // 7vta. // referido que de esta parte está un pueblo de la Jurisdicción de Jhoanacatan [Xonacatlán o Juanacatlán] en lo eclesiástico y es su nombre Temacapulí y su cura y beneficiado es el bachiller Miguel Casillas de Cabrera.

De este pueblo y cabecera de Nochistlán, 3 leguas está otro pueblo... [está en blanco]

BIBLIOGRAFÍA

Autor Anónimo, *Tres Viejos Relatos*, Colegio Internacional, Guadalajara, 1975.

Gallegos, Hernando, *Información Descriptiva de Teocaltiche*, en Ignacio Dávila Garibi, *Bosquejo Histórico de Teocaltiche*, p. 383.

Gómez Mata, Mario, *Bautismos, Matrimonios y Defunciones, en el primer siglo de Santa María de los Lagos*, Acento, 2010.

Gutiérrez Gutiérrez, José Antonio, *Jalostotitlán a través de los siglos,* Volumen Primero, Segunda Edición, Universidad de Guadalajara y Universidad Autónoma de Aguascalientes, Acento, 2001.

—. *Jalostotitlán a través de los siglos,* Volumen Segundo, Universidad de Guadalajara y Universidad Autónoma de Aguascalientes, Acento, 2005.

—. *Los Altos de Jalisco*, Consejo Nacional para la Cultura y las Artes, México D.F., 1991, p. 159.

Llamas, Antonio de. "Relación o descripción del curato de Nochistlán y otros pueblos, con su padrón", en *Tres viejos relatos*. Guadalajara, Ediciones Colegio Internacional, 1975.

ARCHIVOS CONSULTADOS

Archivo Histórico de la Arquidiócesis de Guadalajara (AHAG), "La Sagrada Mitra de Guadalajara"

- **Padrón de Nochistlán de 1664**; Sección: Gobierno, Serie: Padrones, Caja: 48, Expediente: 3

- **Padrón de Lagos de Moreno de 1676**; Sección: Gobierno, Serie: Padrones, Caja: 38, Expediente: 2

- **Padrón de Jalostotitlán de 1679**; Sección: Gobierno, Serie: Padrones, Caja: 33, Expediente: 14

- **Padrón de Tepatitlán de 1689**; Sección: Gobierno, Serie: Padrones, Caja: 62; Expediente: 13

Archivo Parroquial de Jalostotitlán (APJ)

- **Cofradía de las Ánimas del Purgatorio**; Asentamiento de Cofrades, paleografía Sergio Gutiérrez.

- **Libro 1 de Entierros**

49610657R00083

Made in the USA
San Bernardino, CA
30 May 2017